子どもを幸せにする遺言書

倉敷昭久

JN203698

青春新書
INTELLIGENCE

子どもたちが、家族が、いつまでも仲よく幸せでいるために……
こんな人には遺言書が必要です！

□残された配偶者が一人暮らしになる人
□財産の多くが自宅（不動産）など分けられない人
□財産を子どもたちに公平に遺したいと思っている人
□子どもたちが疎遠になっていたり、家族仲があまりよくない人
□特定の相続人に多めに財産を遺してあげたい人
□事業をきちんと子どもに承継《しょうけい》させたい人
□相続人以外の人に財産を渡したい人
□前婚の子どもがいる人

――遺言書がなくても大丈夫な人は、実は少ないのです。

序――子どもを幸せにする遺言書には書き方がある

遺言者はお父さんでした。

相続人（相続を受ける人）は長男、二男、三男、四男と男ばかりの4兄弟。遺言書を持ってこられたのは二男でした。

遺言書を読むと、遺産は長男と三男、四男で三等分するという内容です。二男には1枚の絵だけが相続財産として書かれていました。もしかすると、この絵はきわめて高価なものなのかと思いましたが、30万円くらいの絵でした。

遺産総額は約６０００万円。つまり、長男、三男、四男がそれぞれ約２０００万円ずつもらって、二男は30万円相当の絵だけ、ということになります。このケースでは、二男の遺留分《いりゅうぶん》（法的に遺産をもらえる最低限の権利。後述）は8分の1ですので、最低限７５０万円を受け取る権利があります。しかし、この絵だけでは遺留分にはまったく届きません。

数多くの相続や遺言書作成に関わってきた私は、この遺言書を一読した瞬間、「これはトラブルになるな」と直感しました。ヘタをしたら骨肉の争いに発展しかねないとも思いました。

しかし、その直感は見事に外れることになります。

この遺言内容に対して、二男以外の相続人に異論はないはずなので、二男がこれでよければ手続きはできます。二男に、

「遺留分を請求する気はないですか？」

と確認したところ、

「ないです」

と、きっぱりと答えられました。

「差し支えなければ、遺留分を請求しない理由を聞かせてください」

と言ったところ、この遺言書が作成された経緯を教えてくれたのです。

二男夫婦は両親が暮らす家の近くにマンションを買いました。両親とは毎日のように行

き来する生活をして、毎年一緒に旅行もしていたそうです。残念ながらお母さんは数年前に亡くなったのですが、お父さんが1人になった後も二男夫婦はそれまでと変わりなく行き来をしていたといいます。

1年ほど前にお父さんの病気が見つかり、余命宣告がされた時に、お父さんは二男夫婦を病院に呼んで、これまでの感謝を述べるとともに、

「私が死んだら好きなものをあげるから、なんでも言ってくれ。全部お前たちにあげてもいい。他の子たちには何も言わせないから安心して言え」

と言ったそうです。その時に二男は、

「絵が欲しい」

と答えました。「絵」とは、両親と二男夫婦が旅行をした際に、旅先でお父さんが気に入って買ったものです。二男はその絵を見るたびに幸せな気分になれるのだそうです。

「それ以外は何ももらわなくてもいい。自分はたくさんの時間を両親と過ごして親孝行の真似事をさせてもらった。自分は親孝行という他の兄弟ができなかったことをさせてもらえて幸せだと思う。これ以上、何かもらったら他の兄弟に申し訳ない。遺産というなら、

すでにたくさんの思い出を受け取っている」

と答えたそうです。お父さんは何度か、本当にそれでいいのかと聞き直したそうですが、二男の答えは変わりませんでした。最後には「お前らしいな」と笑われたそうです。

お父さんは二男の希望に沿って、二男には絵を、それ以外の子には遺産をほぼ三等分するような遺言書を残して亡くなられました。

4人の兄弟はお母さんが亡くなった頃から疎遠になり、ほとんど顔を合わせることもなくなっていたのですが、お父さんのお葬式で久しぶりに顔を揃えました。

お葬式が終わって少し落ち着いてから、二男がお父さんの家の整理をしていたところ、先の遺言書が出てきたので、兄弟全員に連絡を取って、お父さんの家に集まることになりました。

遺言書とは別に、遺言書を書く前の二男とのやりとりも文書にまとめられていました。兄弟全員が遺言書とその文書を読んで、お父さんの想いを知ることになりました。

二男夫婦に対して、3人の兄弟からは両親の面倒を見てくれたことへの感謝の言葉がありました。また、自分の受け取る遺産を二男にも分けたいという兄弟もいましたが、二男は誰からも受け取りませんでした。それよりも、今後はできる限り交流のある兄弟でいたいと伝えたそうです。

お父さんが書き残した遺言書が、相続のトラブルを未然に防ぎ、スムーズに遺産の相続ができただけでなく、遠ざかっていた兄弟間の距離を元に戻してもくれたのです。

＊

誰もが、自分が死んだ後、財産をめぐって残された子どもや家族がもめたりせず、いつまでも仲よく幸せに暮らしてほしい、と願っていることでしょう。この遺言書はまさにそれをかなえた、最高に素敵な遺言書でした。

しかし、現実には相続をめぐる遺族間のトラブル（私たちはそれを「争族」と呼んでいます）は後を絶ちません。

私は相続を専門とする行政書士事務所を経営しています。私の事務所では1年間に約4000件の相続や遺言書作成に関わる相談をお受けし、3000件あまりの相続手続きのお手伝いをさせていただいています。日本一多くの相続手続きに関わる行政書士事務所になった今でも、私は相続の現場に立ち続けています。

そして、相談をお受けする時には、必ず「相続人の間で争いはありませんか？」とお聞きします。争いがある場合は、相続の前に、まずは弁護士を通じて法的に問題をクリアする必要があるからです。しかし、争いの有無を尋ねても、たいていの相談者からは、

「うちにはたいして財産がないから大丈夫です」

とか、

「うちの子どもたちは仲がいいから問題ないです」

といった言葉が返ってきます。しかし、そう言っていたにもかかわらず、いざ相続となった時に争いに発展してしまった事例を私は数多く見てきました。

実は、相続をめぐるトラブルは、資産家よりも一般家庭のほうがはるかに多く起こっています。うちの家族に限って、とか、うちの子たちに限ってそんなことはありえない、というのは、親の思い込みに過ぎないケースがほとんどなのです。

そんな場面を見るたびに、この争いを避ける手段はなかったのだろうかと考えます。争いが起きたところからさかのぼって考えますので、争いの原因はすぐにわかります。そして、原因がわかれば「こうすればよかった」という対応策があったこともわかります。そして、争

いのほとんどは、適正な遺言書があれば避けられたり、軽減できたであろうと思えるのです。

それは遺言書の有無だけでなく、形式の不備であったり、内容の問題であることもあります。また、法的には正しい遺言書であっても、遺言者の想いが共有されていないことが原因だったりすることもあります。

本書では数多くの相続を見てきた立場から、遺言者の想いがきちんと伝わり、争族を回避し、残された子どもや家族がいつまでも仲よく幸せに暮らせるための遺言書の書き方を紹介したいと思っています。まさに冒頭で紹介した素敵な遺言書のように……。

子どもを幸せにする遺言書◆目　次

第2章　これだけは知っておきたい遺言書のこと　59

第3章 こんな人には遺言書が必要です 101

第4章　もめない遺言書を作るためのポイント　129

本文ＤＴＰ／エヌケイクルー

第1章 これだけは知っておきたい相続のこと

自分の遺す財産をうまく使って、残された家族が仲よく、幸せに暮らしていけるように――そんな想いの込められた遺言書を作っていただきたいと思います。しかし、現実にはなかなかそううまくいきません。遺言書の形式に不備があって遺言書自体が無効になったり、遺言内容に問題があったりすると「相続」が「争族」になってしまうことがあります。

このような、もめる遺言書を書いてしまう人に共通して欠けているのは、相続の基礎知識です。もめない遺言書を書くためには、相続の基本を知らなければなりません。

そこで、まずは相続の基本について知っておきましょう。

相続とは

相続とは、亡くなった人（被相続人）の家や土地、銀行の預金などの財産を引き継ぐことを言います。この財産を相続財産（遺産）と言い、引き継ぐ人のことを相続人と言います。

終戦直後の昭和22年5月2日までは、被相続人の長男が全てを引き継ぐのが一般的でしたが、法律が変わり、今では被相続人の長男に限らず、全ての子ども、配偶者、家族状況によっては親、兄弟姉妹なども相続することができます。

相続を知る上で最も重要なことは、遺産を相続できる人（法定相続人）が誰なのかを知ることです。

法定相続人とは

被相続人の財産を相続することができる人のことを「法定相続人」と言います。

法定相続人は被相続人との家族関係によって決まります。

被相続人に子どもがいる時は子どもが相続人です。子どもがいない人は被相続人の親が相続人です。子どもも親もいない場合は被相続人の兄弟姉妹が相続人になります。

配偶者は子どもや親、兄弟姉妹などと一緒に被相続人の財産を相続することができます。

法定相続人はこうして決まる

法定相続人は前項で述べたように、子→親→兄弟姉妹の順で決まります。

そして配偶者がいる場合、配偶者も相続人になります。その人たちが相続人であることを証明する書類が戸籍謄本《こせきとうほん》です。戸籍謄本は本籍を変更したり結婚や離婚をするたびに新しくなります。被相続人が生まれてから亡くなるまでがひと続きになるよう、戸籍謄本の全てを各市区町村から取り寄せて確認することで、誰が相続人になるのかが明確になります。

次に相続人の戸籍謄本を取得すれば、被相続人との関係が証明できて相続人が確定します。これらの戸籍謄本は遺産を相続する際には必要となります。

われわれ行政書士がご依頼をお受けする時には、まずは口頭で家族関係を聞きます。その情報を元に戸籍調査を行うのですが、年に数回は聞いていなかった相続人が見つかることがあります。

法定相続人とは

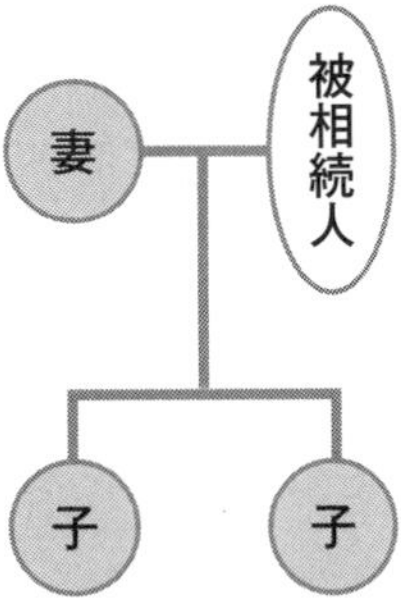

被相続人に
子と妻がいる時
相続人＝子と妻

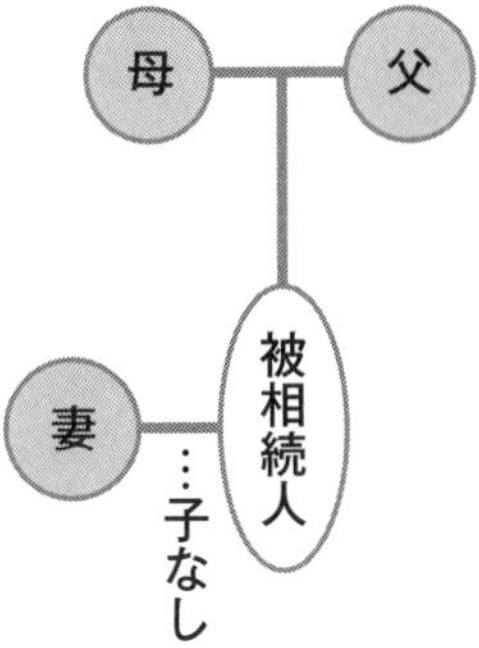

被相続人に
子がなく、
妻と両親がいる時
相続人＝両親と妻

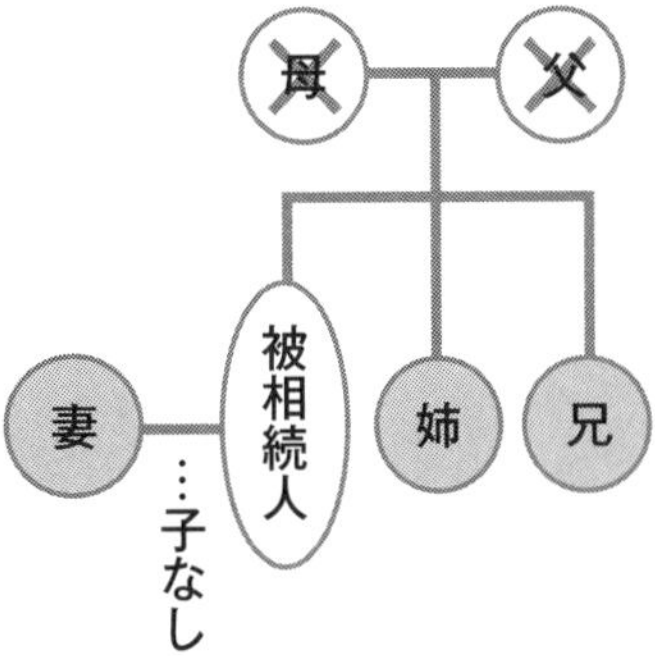

被相続人に子がなく、
両親も亡くなっていて、
妻と兄弟姉妹がいる時
相続人＝兄弟姉妹と妻

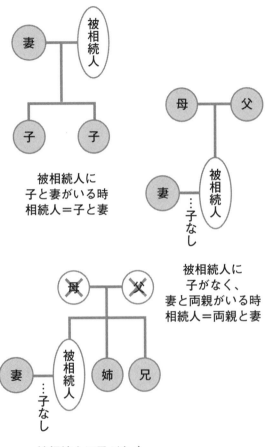

多いのは被相続人の子です。離婚歴のある人が前妻との間に子どもがいることを新しい奥さんに伝えていなかったり、過去に認知している子どもがいたりすると、思わぬトラブルになったりします。

相続人の確定をめぐってはこんなケースがありました。

*

ご主人を亡くされた奥さんからのご相談でした。

このご夫婦には子どもがなく、ご主人のご両親はすでに亡くなられていて、相続人は奥さんとご主人の弟でした。ご主人と弟は結婚前から仲が悪く、奥さんは弟に一度も会ったことがなかったそうです。

ご主人は遺言書を残しておられ、そこには全財産を妻に相続させると書かれていました。弟には遺留分（34ページ）がないため、遺言書通りに相続ができると思いました。

ところが、戸籍調査をすると、ご主人には離婚歴があり、そこにお子さんがおられることがわかりました。

前妻の子とはいえ子どもがいるとわかった時点で、ご主人の弟には相続の権利がなくなります。相続人は後妻と、前妻の子になります。

このケースは争いになる可能性が高いため弁護士への相談をすすめました。弁護士のアドバイスで、奥さんはこのお子さんにお父さんが亡くなられたことを伝えるお手紙を出されました。

やがて、遺留分を請求する書面が届き、奥さんは子の遺留分である4分の1を渡して手続きを終えることにされました。詳しくは後述しますが、このケースの場合、遺言書がなければ前妻の子は財産の2分の1を法定相続分として請求することができたので、遺言書は大きな仕事をしたことになります。

奥さんはショックを受けられていましたが、冷静になると、ご主人が遺言書を残してくれたことで大きなトラブルにならなかったことがわかり、素直に感謝されました。

遺言書を書く時は、法定相続人に遺留分があるかないかで書き方も変わってきますので、まずは相続人調査をきちんと行うことが非常に重要です。

基本的な法定相続分（割合）を知っておく

法定相続分とは、法定相続人が遺産に対してもらうことができる割合のことです。

法定相続人が1人の時は、当然1人で全部もらえます。被相続人に配偶者がいない時は、子どもがいれば子どもが相続人となり、2人いれば2分の1ずつ、3人いれば3分の1ずつというように、全ての子どもに均等に分けられます。

子どもがいない時は親が相続人で、両親ともに健在なら父母がそれぞれ2分の1ずつです。

親もいない時は、兄弟姉妹が相続人で、兄弟姉妹が2人いれば2分の1、3人いれば3分の1ずつになります。

被相続人に配偶者がいる時は、子、親、兄弟姉妹との共同相続になります。

それぞれのケースでの法定相続分を図を使って見ていきましょう。

【ケース1】配偶者と子どもが相続人の時

被相続人に配偶者と子どもがいる時は、配偶者の相続分は2分の1で、子どもの相続分も2分の1です。子どもが2人以上いる時は、2分の1を子どもの人数で割ると、子ども1人あたりの相続分が出ます。

配偶者と子どもが相続人の時の一例

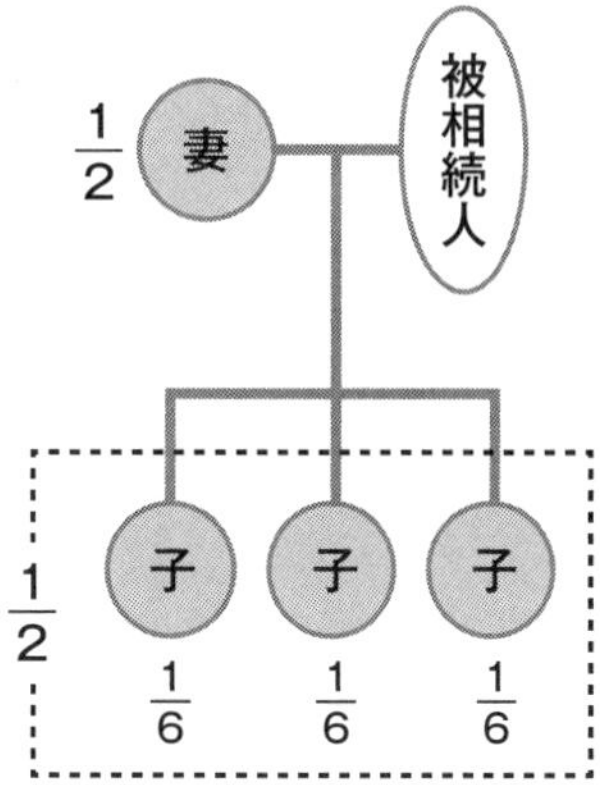

（例）

被相続人に妻と子が3人いる時の各相続人の法定相続分は、
妻の法定相続分=1/2
子の法定相続分=1/2
子が3人いるので、1/2 を3人で分けます。
1/2 × 1/3=1/6
子1人あたりは 1/6 です。

【ケース2】配偶者と親が相続人の時

法定相続人が配偶者と親（亡くなった人の親）の時は、配偶者の相続分は3分の2で、親の相続分は3分の1です。両親とも健在の時は、父と母がそれぞれ6分の1となります。

配偶者と親が相続人の時の一例

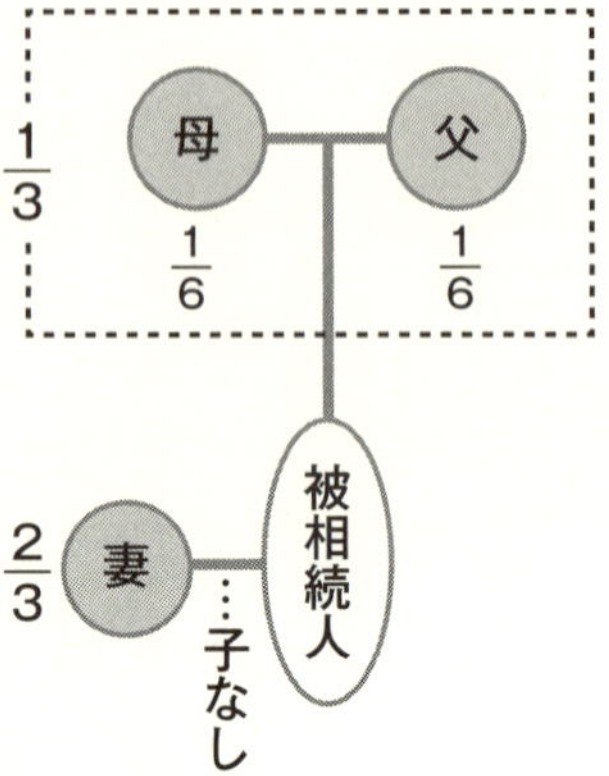

（例）

被相続人に子がなく、妻と両親がいる時の各相続人の法定相続分は、
妻の法定相続分＝2/3
親の法定相続分＝1/3
両親とも健在なので、1/3 を2人で分けます。
1/3 × 1/2＝ 1/6
父と母の相続分はそれぞれ 1/6 です。

【ケース3】配偶者と兄弟姉妹が相続人の時

法定相続人が配偶者と兄弟姉妹（亡くなった人の兄弟姉妹）の時は、配偶者の相続分は4分の3で、兄弟姉妹の相続分は4分の1です。兄弟姉妹が複数いる時は、兄弟姉妹の相続分4分の1を人数で割ると兄弟姉妹1人あたりの相続分が出ます。

配偶者と兄弟姉妹が相続人の時の一例

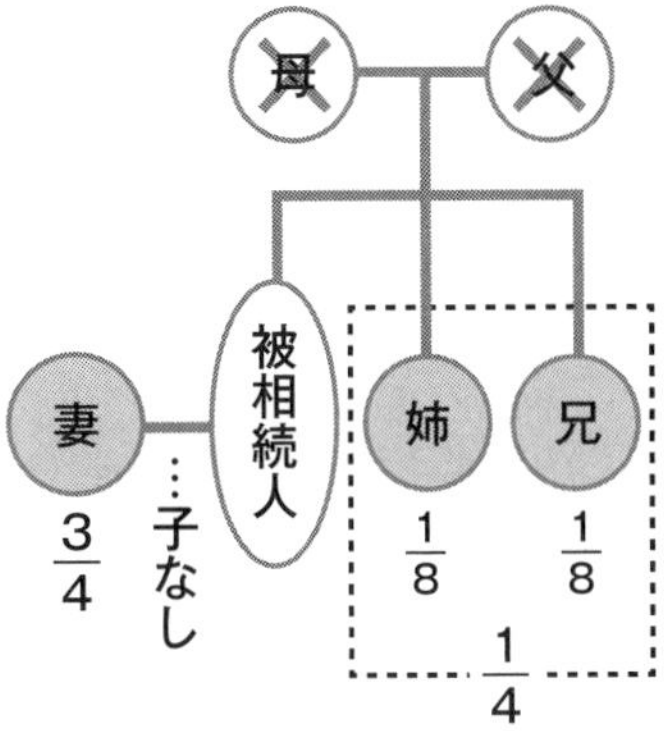

（例）

被相続人に子も両親もなく、妻と兄弟姉妹がいる時の各相続人の法定相続分は、
妻の法定相続分＝3/4
兄弟姉妹の法定相続分＝1/4
兄弟姉妹２人なので、1/4 を２人で分けます。
1/4 × 1/2＝ 1/8
兄と姉の相続分はそれぞれ 1/8 です。

遺留分は必ず押さえておこう

法定相続分に対して、遺留分というものがあります。どちらも相続人の権利ですが、その違いをわかりやすく言うと、遺言書がない時の相続人の権利が法定相続分で、遺言書がある時に相続人がもらうことのできる最低限の権利が遺留分となります。

例えば、被相続人に子ども（息子）が3人いる時に、遺言で全財産を長男に相続させると書いてあると、残りの2人の子はまったく遺産をもらうことができなくなります。同じ子なのにこれではあまりにも不公平なので、遺言書にどう書かれてあろうと他の2人の子どもにも最低限の遺産をもらうことができるようにしておいてあげよう、というのが遺留分の考え方です。

配偶者と子の遺留分は法定相続分の2分の1で、親の遺留分は法定相続分の3分の1です。兄弟姉妹には遺留分はありません。遺留分を算定するときには、遺産だけでなく相続人に対して行われた生前の贈与分（特別受益）も加えて算定します。

これに関して、２０１８年7月に民法が改正され（２０１９年7月1日施行）、生前贈与の算定期間が見直されました。これまでは死亡日までに行われた全ての贈与が遺留分の対象となっていましたが、改正民法では、遺留分の対象となる贈与の期間が被相続人の死亡日からさかのぼって10年間に限定されます。つまり、直近の10年間の贈与のみが遺留分算定の対象財産になるように変更されました。

こんなものまで⁉ 相続財産になるもの

次に、法定相続人が受け取ることができる財産にはどんなものがあるのかをご説明しましょう。

財産には大きく分けると正の財産と負の財産があります。正の財産は、被相続人に代わって相続人が受け取ることができる財産です。一方で、負の財産は被相続人の借金などの債務で、被相続人に代わって相続人が弁済していかなければなりません。まずは正の財産から見ていきましょう。

正の財産

土地・家屋などの不動産、現金、預貯金、株などの有価証券、ゴルフ会員権、貴金属、骨董品、自動車などの他にも、著作権・特許権などのような被相続人が持っていた権利も正の財産になります。生命保険の死亡保険金は相続財産ではありませんが、同じ保険でも、入院給付金は相続財産になります。また、借地権なども正の財産です。

負の財産

被相続人の借金や滞納している税金などは負の相続財産となり、相続人が引き継いで支払うことになりますので、これが正の財産を超える場合は相続放棄をすることも考えなければなりません。被相続人が誰かの保証人や連帯保証人になっていた場合は、保証人の地位も引き継ぐことになるので、保証している人が借金の支払いができなくなると、その人の借金の返済をしなければならなくなるかもしれないので注意が必要です。

相続財産の対象になるもの

相続財産	不動産	宅地・田畑・山林、家屋、構築物、その他（借地借家権、耕作権など）
	預貯金	現金、預金、小切手など
	有価証券	株式、出資金、投資信託、公社債など
	その他財産	車、骨董品、宝石、貴金属、ゴルフ会員権、貸付金、電話加入権、家具、著作権、特許権など
	負の財産	借金、未払い金、連帯保証債務など
みなし相続財産	死亡保険金	生命保険金、損害保険金
	死亡退職金	退職金、功労金、弔慰金
贈与財産	生前贈与 遺贈	不動産、金銭、投資信託、株式、車など

祭祀《さいし》財産

相続財産と間違えられるものとして、お墓や仏壇、仏具などがあります。これらは祭祀財産と言われるもので、相続財産ではありません。これらは一族の慣習、居住地域の慣習などによって、1人に受け継がれます。

みなし相続財産

これは、被相続人が生前には財産として持っていなかったが、被相続人の死亡によって相続人がもらうことができる財産のことです。

みなし相続財産の代表が生命保険の死亡保険金や死亡退職金です。死亡退職金は会社の規則によって決められている受取人の財産となります。どちらも受取額が500万円×法定相続人の数で出される金額以内であれば、誰がいくら受け取っても相続税はかかりません。

例えば、被相続人に妻がいて子どもが3人いる時の法定相続人は4人ですので、

５００万円×４＝２０００万円

相続人は２０００万円までの死亡保険金には相続税はかかりませんが、２０００万円を超える部分は相続税の課税対象となります。

改正民法で、新しくできた配偶者居住権とは

前述した民法の改正で「配偶者居住権」が新設されました（２０２０年４月１日施行）。

配偶者居住権は、短期居住権と長期居住権に分けられます。

まずは配偶者短期居住権です。

配偶者が相続開始時に被相続人の所有する建物（居住建物）に無償で住んでいた場合には、遺産分割協議でその建物の相続人が決まった日か、相続開始から6カ月が経過する日のどちらか遅い日まで無償で住むことができる権利です。

一方、配偶者居住権（長期居住権）は、配偶者が相続開始時に居住していた被相続人の

所有する建物に、無償で終身住むことができる権利です。

この居住権の新設によって、不動産の所有権と居住権を別々に相続させることができるようになります。

例えば、長男が不動産の所有権を取得し、配偶者が居住権を取得する、ということができます。

配偶者に居住用不動産を相続させると、それだけで取得財産額が大きくなり、配偶者は他の財産をもらえなくなる可能性がありましたが、所有権を子どもにして、配偶者に居住権を与えるようにすると、配偶者は不動産に対する取得額を低く抑えることができて、他の遺産ももらうことができる余地を作れます。

例えば、相続人が妻と長男、長女のケースで、相続財産が不動産2000万円と預金2000万円の時。妻の法定相続分は2分の1ですので、法定相続分で分割する場合、取得額は2000万円です。不動産を取得すると2000万円取得したことになり、預金はもらえません。

それが、この不動産の居住権を仮に1000万円であるとすると（居住権の財産価値は、

配偶者居住権とは

夫（故人）・妻・長男・長女の例

家に住み続けられる
代わりに
預金がもらえない

改正前

妻（1/2）　不動産 2000 万円

長男（1/4）　預金 1000 万円

長女（1/4）　預金 1000 万円

預金がもらえて
家にも住み続けられる

改正後

※2020年4月1日施行

妻（1/2）　居住権 1000 万円
預金 1000 万円

長男（1/4）　所有権 500 万円
預金 500 万円

長女（1/4）　所有権 500 万円
預金 500 万円

※居住権を仮に 1000 万円とした場合

所有権より低額になります）、妻が居住権を取得すれば、あと1000万円を預金から相続できるようになります。

この時、配偶者は、住宅の所有者に対して、配偶者居住権の設定登記の手続きをするように請求することができます。

登記することによって相続人以外の第三者（相続人から住宅を譲り受けた者）に対しても居住権を主張することができるようになるのです。

短期居住権は、遺言での指定や、遺産分割協議がなくても配偶者に当然与えられる権利で、配偶者は少なくとも半年はその建物に住むことができます。一方、配偶者居住権（長期居住権）は、配偶者が終身住み続けることができますが、遺言での指定か、遺産分割協議での合意等が必要となります。

このように、居住権は配偶者にとって重要な権利となります。居住権は遺言によって決めておくこともできます。今後、居住権は重要な遺言事項となっていくことでしょう。

相続財産をこうして確定する

どんなものを相続財産として分けたらいいのかがおわかりいただけたと思います。今度は、その相続財産がどこにあって、どのくらいあるのかを調べます。

被相続人が、どこにどんな不動産を持っていたのかは、市区町村で調べます。市区町村で調べると、例えば家の広さや構造、土地の面積や固定資産税評価額がわかります。不動産の権利状況（所有権や抵当権など）は法務局で調べます。登記簿謄本を取ると、登記上の所有者がわかり、抵当権など他の権利が付いていないか確認することができます。

預金は銀行での取引照会や残高証明書の取得によって確認します。株は証券会社から残高証明書を取ります。自動車は、中古車市場での取引価格が評価額になりますので、ディーラーなどに問い合わせます。

注意したいのは、被相続人が亡くなることを予測して葬儀費用等に充《あ》てるため、あらかじめお金を引き出して現金化していた場合、そのお金も相続財産になることです。また、被相続人が事前に相続人にあげていた（贈与）現金なども、死亡日の遺産総額に上乗せをして、各相続人の相続分を出します。

このように、何が遺産分割の対象財産になるのかを知っておくことは重要です。これがわかっていなかったために大変な思いをされた方がおられました。

＊

お父さんを亡くされた二男からの相談でした。お母さんはすでに亡くなられていて、相続人は兄と姉と二男の3人でした。兄と姉はお父さんと仲が悪く、近年は行き来がありませんでした。

相続財産は預金だけで約1500万円。お父さんは遺言書を残していて、預金の3分の2を二男へ、6分の1ずつを長男と長女に相続させるという内容でした。受取額は二男が1000万円で長男と長女がそれぞれ250万円ずつとなります。

この遺言による長男と長女の相続割合は遺留分（6分の1）と同じなので問題なさそうでしたが、後日、長男から916万円を請求する書面が届きました。

よく話を聞いてみると、二男は生前にお父さんから約2000万円の土地を贈与してもらっていたことがわかりました。生前に行われた贈与分も相続の時に残っていた財産と合わせてから各相続人の相続分を出します（特別受益の持ち戻し）。生前にもらった財産が相続にまったく影響しないとすれば、生前にもらった人ともらえなかった人に不公平が生まれてしまうので、このような制度があるのです。

このケースでは、遺言書に書かれている預金については遺言通りですが、生前贈与された土地に対して、長男から二男に法定相続分である3分の1相当額を支払うように請求がありました。

長男の法定相続分は3分の1ですから、2000万円×3分の1＝666万円となり、遺言書に書かれていた預金1500万円の6分の1である250万円を足すと、長男から請求のあった916万円になります。少し遅れて長女からも同様の請求がありました。

二男は弁護士に相談するなどして長い間悩んだようですが、最終的には預金については遺言書に書かれていた通りに分けました。そして生前贈与されていた不動産に対して請求のあった666万円に関しては、長男と長女にそれぞれ現金で支払いました。二男の支払額は合計で1332万円になりました。二男の預金からの相続額は1000万円でしたので、支払額のほうがはるかに多くなってしまったのです。

二男は今後の生活を考えて、相続した土地を売ってこの支払いに充てようかとも考えられたようですが、土地を二男に残そうと考えられたお父さんの意思を尊重するため、自分の財産から不足分を支払うことにしました。

お父さんが、面倒を見てくれた二男により多くの財産を渡そうとされたお気持ちはよくわかりますが、生前贈与に関するルールを知らなかったために残念な結果になりました。

このケースでは、土地を生前贈与せずに、全財産を二男に相続させるという遺言をしておけば、二男はもっと多くの財産を相続できたことになります。長男と長女から遺留分請求があったとしても、3500万円の6分の1の583万円ずつになるので、二男は666万円多く相続することができたのです。

遺産分割協議とは

法定相続人がわかり、相続財産が確定すると、遺言書がない場合は相続人全員で遺産の分け方を話し合って決めます。これを遺産分割協議と言います。

遺産分割協議をする時には、財産目録を作っておくとスムーズに協議が進むことが多くなります。財産目録があると、どんな財産がどれだけあるのか、そのうち自分がもらうことができる権利はいくらになるのかを、法定相続人全員がその場でひと目で確認することができるからです。

全員がすべての相続財産をわかって遺産分割協議をしないと、何度も遺産分割協議をしないといけなくなったり、行き違いからもめてしまったりするかもしれません。

遺産分割協議で相続人全員が合意できれば、必ずしも遺産を法定相続分で分ける必要はありません。例えば、すべての遺産を妻が相続するという決定でもかまいません。

話し合いがまとまれば、「誰が」「何を」「どれだけ」相続するのかを書面（遺産分割協議書）にして、相続人全員で署名・押印（実印）をします。

遺産分割協議書

被相続人の表示
氏　　名　○○○○
本　　籍　○○県○○市○○町1丁目1番
最後の住所　○○県○○市○○町1丁目1番
生年月日　昭和5年1月1日
死亡年月日　平成30年1月1日

右記被相続人の死亡により開始した相続につき、相続人全員はその相続財産について分割協議を行い、以下の通り分割することに相続人全員が同意した。

一、以下を含む被相続人名義の不動産の全てを妻○○○○が取得する。
・土地　○○県○○市○○字○○　111番　宅地　123・456㎡
・建物　○○県○○市○○　1丁目　111番地　家屋番号　111番
居宅　木造瓦葺2階建　1階　100・21㎡
2階　60・19㎡

二、以下記載の被相続人名義の財産は二女○○○○が取得する。
・以下を含む○○銀行における被相続人名義の財産の全て
△△支店　普通預金　口座番号　1111111

★遺産分割協議書の一例

定期預金　口座番号　２２２２２２２

三、前各条記載の財産を除く、以下を含む被相続人名義のその余の全ての財産は長女○○○○が取得する。

・以下を含む○○証券における被相続人名義の財産の全て

○○支店　株式　○○株式会社　１０００株

・以下を含む○○信託銀行における被相続人名義の財産の全て

配当金　○○株式会社

右協議の真正を証するため、相続人全員はこの協議書に署名押印のうえ、各1通ずつ保有する。

平成　年　月　日

住所

氏名　㊞

住所

氏名　㊞

住所

氏名　㊞

★遺言書がない時の相続手続きの流れ

相続人の確定

相続人は、まず法定相続人を確定するために、被相続人の出生《しゅっしょう》から死亡までの戸籍謄本を市区町村から取り寄せます。

相続財産の調査

次に相続人は、不動産については市区町村と法務局で、預貯金については銀行や郵便局、株については証券会社等で調査します。

遺産分割協議

法定相続人全員で話し合って遺産の分け方を決めます。全員の同意が必要です。

⇦

遺産分割協議書の作成

相続人全員で協議した結果を全て書面にし、全員が署名・押印します（自署、及び実印押印）。

⇦

相続手続き

収集した戸籍謄本、印鑑証明書と遺産分割協議書を使って、家や土地の名義変更、預金の解約払い戻しなどの相続手続きを行います。

相続手続きで必要なもの

被相続人の遺産を受け取るためには、その財産を管理している場所、例えば不動産なら法務局、預金なら銀行、株なら証券会社に対して、それぞれが要求する書類を提出しなければなりません。

共通して求められるものとしては、被相続人が生まれてから亡くなるまでの戸籍謄本、相続人の戸籍謄本、印鑑証明書と遺産分割協議書などがあります。

遺言書があると、法定相続分に関係なく遺産を分けられる

遺言書がない時は、被相続人の遺産を法定相続人全員で話し合って分けます。分け方の目安となるのは法定相続分です。遺言書があれば、遺言は法定相続に優先しますので、遺言に従って遺産を分けます。法定相続分に関係なく遺言者が自分の思うように遺産の分け

方を決めておくことができるのです。

ただし、被相続人の兄弟姉妹以外の法定相続人には、遺留分の請求が認められています。あまり極端なことを書くと、遺留分の請求が起きて、かえって争族を引き起こすこともありますので注意は必要ですが、法定相続分にとらわれずに遺産の分け方を決められるのは遺言書の大きな利点です。

遺言書があったためにトラブルを回避できたケースにこんな例がありました。

＊

ご主人を亡くされた奥さんからのご相談でした。ご夫婦には長男と長女がいて相続人は3人でした。長男と長女が仲が悪かったため、争いにならないようにとご主人が遺言書を残していました。遺言書はしっかりと書かれていて、遺産の約2分の1が奥さんで、約8分の3が長男、8分の1を長女が受け取るような内容でした。

長男夫婦が両親の面倒をよく見てくれていたとのことで、長男夫婦への感謝の気持ちと今後の奥さんへの生活支援もよろしくという思いが込められた遺言書でした。長男と仲が悪かった長女は、嫁いでからはほとんど家にも来なかったということで、両親とも疎遠になっていたそうです。

こんな時の遺言書は長女の相続分はゼロになりがちですが、お父さんは長女へも約8分の1の遺産を分けるように書いていました。これによって長女から異議が出ることはなく、相続手続きはスムーズに運びました。

長男への相続分を多くする一方で、長女の最低限の権利である遺留分相当が長女に行くようにしたことで、長男にたくさんあげたいという想いをかなえ、長男と長女の間の争族を防いだ素晴らしい遺言書でした。

遺言書があると、法定相続人以外にも遺産を分けられる

遺言書がない時に遺産を受け取ることができるのは法定相続人だけです。被相続人の遺産は通常は孫が相続することはできません。しかし、亡くなった父の土地や家を、相続人の子（被相続人の孫）に相続させたいという相談が時々あります。

＊

お父さんが亡くなられたという息子さんからの相談でした。相続人は妻と長男(相談者)、二男でした。

被相続人であるお父さんには自宅の他に別荘や預貯金などの遺産がありました。お父さんは生前から、相談者に、自分の死後は別荘の土地と建物は孫（長男の子）の名義にして、後の財産は話し合って分けてくれと言っていたそうです。

お父さんが亡くなった後、長男がお母さんと弟にその話をしたところ、それがお父さんの遺言ならそれでいいと快く言ってくれたそうです。相談はお父さんの希望通り、自分の子に別荘を相続させたいというものでした。しかし、遺言書はありませんでした。

この場合、孫は相続人ではありませんので、直接この不動産を相続することはできません。残念でしたが、長男が相続してから子に贈与することになりました。このご家族は家族関係がよくて、もめることはありませんでしたので、遺言書があればすんなりとお父さんの希望通りにできたのですが、残念ながら遺言書がなかったので直接孫の名義にすることはできませんでした。

そのため、いったん長男が相続してから贈与をするという2つの手続きが必要になったので、時間と費用と、余分な税金が数十万円かかってしまいました。

遺言書でこの別荘を孫に遺贈《いぞう》（80ページ）する、と書いておけば、直接孫が別荘を受け取れたのに、非常に残念なケースでした。

遺言書があると、遺産分割協議の必要がなくなる

争族とは相続人間での遺産分割協議がまとまらないことを言います。遺言書があれば、そもそも遺産分割協議をする必要がありません。

＊

お母さんを亡くされたという長女の方からの相談でした。お父さんは数年前に亡くなっていて、このたびお母さんも亡くなられて相談に来られました。相続人は3人の娘でしたので、法定相続分は3分の1ずつです。

3姉妹はもともと仲が悪く、お父さんがお亡くなりになられた時の相続でもなかなか遺産分割協議がまとまらなかったそうです。その時は、親戚の叔父さんが間に入ってなんと

かまとめてくれたそうですが、お母さんは自分の相続の時にはもっともめるのではないかと心配して遺言書を作られていました。相談者はその遺言書をお持ちになられました。

拝見すると、財産ごとに受け取る人が決められていました。相続財産を調査したところ、遺言書を作られた時とあまり変わりはなく、長女が少し多めで、二女と三女はほぼ同等という内容でした。均等ではありませんでしたが、二女と三女も納得できそうな遺言でした。

結局、誰からも異議は出ず、遺言書通りに手続きができました。

お母さんのお葬式では長女が喪主を務め、二女と三女も参列はしましたが、終始一言も交わすことはなかったそうです。相続手続きはすべて書面の交換で進め、直接の会話は一度もありませんでした。

こんなケースで遺言書がなかったらどうだったでしょう？　お葬式ですら言葉を交わさない関係ですから、遺産分割協議などできるはずもなく、争いは必至でしたが、遺言書があったおかげで仲の悪い者同士が遺産分割協議を行うことなく相続手続きができたケースでした。

第2章 これだけは知っておきたい遺言書のこと

相続の基本を知ることで、遺言書の重要性が少しわかっていただけたと思います。もめない遺言書にするためには、さらに遺言書について基本的なルールと知識を身につけておく必要があります。これらが不十分だと、もめる遺言書になってしまいます。

「皆さんは『遺言書』という言葉から、どんな映像が思い浮かびますか？」

私は、遺言書セミナーで受講者の方々が遺言書に対して持っているイメージを確認するために、こんな質問をしています。返ってくる答えで多いのは、次のようなものです。

机に向かってペンをとって「どんなことを書こうかな～」と思い悩んでいるような場面。

自分が死んだ後、家族が揃っているところで弁護士が遺言書を封筒から取り出して読み上げている場面。

これはどちらも遺言者が自ら作る遺言書を思い浮かべた方の答えです。多くの方が「遺言書」からイメージするのは、自分で作成する「自筆証書遺言《じひつしょうしょ》」という形式の遺言書だということです。

自筆証書遺言は、最も多く見られる遺言の形式ではありますが、他にもいくつかの形式があります。どのような形式の遺言書があるのかを知って、その中から自分の考えに合った遺言書の形式を選びたいものです。

1．遺言書の種類

遺言書には大きく分けて「普通方式の遺言書」と「特別方式の遺言書」の2種類があります。

遺言書を作成する時は、特別な場合を除いて普通方式の遺言書を作成します。普通方式の遺言書には、「自筆証書遺言」「公正証書遺言」「秘密証書遺言」の3種類があります。

それではひとつずつご説明していきましょう。

～普通方式の遺言書～

①自筆証書遺言

遺言書と聞いて一番イメージしやすい遺言書の形式が、自筆証書遺言です。

自筆証書遺言は、文字通り自分で書く遺言書です。遺言の全文を自筆で書きます。もちろん、日付や氏名も自分で書かなければなりません。あまりにも達筆すぎたり、字が汚すぎて、なんと書いてあるのかがわからず、手続きに使えなかったことも実際によくありますので、誰でも読めるように楷書《かいしょ》で丁寧に書く必要があります。

全文を自筆で書くというルールの遺言書ですので、たとえ一部でもパソコンなどで作成してしまうと無効になってしまいます（改正民法では、財産目録を別紙として添付する場合に限り、財産目録は自書でなくてもよくなります。後述）。

本文を書き終わったら、次に日付を書きます。日付の書き方にも気をつけてください。「平成31年1月1日」というふうに、遺言書を書いた日がわかるように書いてください。西暦で「２０１９年1月1日」と書いてもかまいません。遺言書が書かれた日がはっきりとわかるように書くことが重要です。

遺言書を書いた日がわかるようにしなければならないのには理由があります。

理由のひとつは、遺言書が複数出てきた時に、どれが有効な遺言書であるかを判断するためです。

遺言書が複数ある時は、日付の新しい遺言書が有効となります。日付がはっきりと書かれていなければ、どれが新しい遺言書なのかがわかりません。

また、遺言をすることができるのは、法律で15歳以上と決められています。日付を書き入れることは、遺言を書いた人が15歳以上であったということを明確にするためでもあります。はっきりと日付が書いてないと、遺言者が遺言を書いた時に15歳以上になっていたかどうかがわかりません。

このような理由から、書いた日がはっきりとわからない遺言書は、それだけで無効になってしまいます。

日付の書き方で無効になる代表例が「平成31年1月吉日」という書き方です。「吉日」という日はありませんので、これは無効になってしまいます。

また、日付が書かれていない遺言書もいくつも見てきました。遺言本文を書き終わるとホッとして気が抜けてしまうことがあります。本文はしっかりと書かれている遺言書が、日付が抜けているがために無効になったこともあります。日付の書き方の間違いや書き忘れはよくありますので、気をつけてください。

日付を書いたら、次に名前を書いて印鑑を押します。名前はフルネームで戸籍謄本に載っている字を使って丁寧に書きましょう。

印鑑は認め印でもかまいませんが、大量に作成されているような印鑑を使ったために、遺言内容に不満のある相続人が、似た印鑑を使って遺言書の修正をした例もあります。これはもちろん違法行為ですが、他の相続人が気がつかなければ、違法に修正された遺言書が手続きに使われるかもしれません。押印には特徴のある印鑑を使ってください。実印を用いるのが一番よいと思います。

以上の通り、自筆証書遺言の形式上のルールは、全文自書（財産目録以外）・日付・名前・

印鑑だけですが、おろそかにせず、作成する時は必ずそのルールを守りましょう。

財産目録に限り、パソコンでの作成や通帳のコピーでよくなった

自筆証書遺言は遺言全文、日付、氏名を自書して印鑑を押すことになっているとご説明しました。遺産の分け方の中の「何を」の部分について、遺言内に財産を特定する記載方法を示してきましたが、財産目録を別に添付して遺言内には財産の詳細を記載しない方法もあります。

ただし、この財産目録も自筆でなければなりませんでした。不動産であれば登記簿謄本を取得して、そこに書かれている登記事項を書きます。預金であれば、金融機関名や口座番号などです。この記載を誤ると遺言が無効になることもあり、遺言者の負担が大きく、自筆証書遺言の利用を妨げる理由ともなっていました。

しかし２０１８年の民法改正で、この財産目録を別紙として添付する場合に限り、財産目録は自書でなくてもよくなります（２０１９年1月13日施行）。パソコンで作成した書

面や、登記事項証明書、預金通帳のコピーの添付でもかまいません。その書面には署名と押印が必要になりますが、これまでと比べると負担も少なく、財産の記載の誤りによって遺言が無効になるリスクが減ります（186ページ参照）。

遺言書の保管の選択肢が増えた

現在の法律では自筆証書遺言は、遺言者本人が保管するか、第三者に預かってもらいます。その結果、紛失したり偽造、変造されたりすることもありました。また、遺言方式の不備（日付・署名・押印など）によって無効になる遺言書も少なくありません。

今回の法改正では、遺言者が法務局に遺言書の保管の申請をすることができるようになります（2020年7月10日施行）。保管申請をする時には、法務局が遺言者の本人確認をし、遺言書の形式審査を行います。これによって、遺言書が形式不備で無効になるのを避けることが期待できます。法務局は各都道府県の主要な地域には必ずあります。

申請が許可された遺言書は、法務局で原本が保管されるとともに、遺言書の画像等の情報が磁気ディスク等に保存され、法務局間で共有されることになります。遺言者が死亡した後、遺言者の相続人、受遺者（法定相続人以外で遺産をもらう人）、遺言執行者（93ページ）は、法務局で遺言書の内容を確認して相続手続きができます。自筆証書遺言の保管制度を利用した場合は、遺言書の検認（家庭裁判所による遺言書の存在及び内容の確認）も不要になります。

今回の法改正によって、自筆証書遺言の利用が促進されることは間違いないと思います。自筆証書遺言保管制度によって、形式不備による遺言の無効は減りますが、遺言内容について法務局は関知しませんので、自筆証書遺言の作成数の増加に伴い、もめる遺言書も増加するのではないかと懸念しています。もめない遺言書を作るためには遺言者の遺言書に関する十分な知識が必要です。

②公正証書遺言

続いて公正証書遺言についてご説明しましょう。公正証書遺言は、公証役場で公証人に作成してもらう遺言のこと。公証役場とは日本全国に300カ所近くある国の役所です。

公証人とは、公文書の作成を行う権限のある役人で、裁判官や検察官、弁護士など長く法律に関わる仕事をした人の中から法務大臣が任命します。公証人は法律の専門家ですので、公証人が作る書面は信頼性が高く、内容や表現方法の誤りや不備で遺言書が無効になるようなことはありません。公正証書は法的効力が非常に高い分、作成時にはさまざまな書類の提出が求められます。

公正証書遺言の場合は、遺言者の戸籍謄本や印鑑証明書、相続を受ける人の戸籍謄本や住民票などとともに、遺言者の財産内容や財産額がわかる書類も必要です。家や土地の不動産の場合は名寄帳《なよせちょう》の写しや登記簿などが必要になります。

名寄帳とは、市区町村が不動産の所有者に固定資産税を課すために、住民1人ごとにその人が持っている不動産をひとまとめにして管理している書類です。名寄帳の写しは、市区町村で取ることができます。

また、法務局では、土地や建物の所在・面積、所有者の住所・氏名などを、公の帳簿（登記簿）に載せています。登記簿は不動産所有者以外でも見ることができ、誰でも登記簿の

公証人手数料

目的の価額	手数料
100万円以下	5,000円
～ 200万円以下	7,000円
～ 500万円以下	11,000円
～1,000万円以下	17,000円
～3,000万円以下	23,000円
～5,000万円以下	29,000円
～1億円以下	43,000円
～3億円以下	43,000円に超過額5,000万円までごとに13,000円を加算した額
～10億円以下	95,000円に超過額5,000万円までごとに11,000円を加算した額
10億円～	249,000円に超過額5,000万円までごとに8,000円を加算した額

写し（謄本）を取ることができます。

預金では通帳のコピーや残高証明書、株式では証券会社の取引明細書などが必要です。

公正証書遺言を作成する時は、2人以上の証人と一緒に公証役場へ行って、遺言者が遺言の内容を口頭で述べます。

公証人がそれを聞き取って遺言書を作成し、その遺言書に遺言者と証人、公証人が署名・押印をして完成です。

ただし、未成年者や推定相続人および受遺者ならびにこれらの配偶者および直系血族、公証人の配偶者や4親等内の親族、公証人の書記や使用人は遺言の証人にはなれません。要は遺言の利害関係者はなれないということです。

公正証書遺言は自筆証書遺言より信頼度が高いことは間違いありませんが、作成には時間と手間がかかります。また、費用もかかります。公正証書遺言の作成費用は、法律で定められています。手数料は財産を譲り受ける人ごとに計算し、合計します。

さらに財産の総額が1億円未満の場合は、1万1000円が加算されます。受け取る人が増えると手数料額が高くなります。また受け取る遺産額によって手数料が決められていますので、たくさんもらう人はその分、手数料額も高くなります。公証人手数料は前ページの表のようになっています。

例えば、妻に3000万円、長男に1000万円を相続させるという遺言書であれば、2万3000円（妻の受け取り分）＋1万7000円（長男の受け取り分）＋1万1000円（1億円未満の加算）＝5万1000円となります。公正証書遺言は、作り直せばそのたびに費用がかかりますので、慎重にしたいところです。

自筆証書遺言も公正証書遺言も一長一短があります。どちらにしようかと悩まれることもあると思いますが、そんな時は、まず自筆証書遺言を作成しましょう。どちらにしようかと考えているうちに時間が過ぎて、結局、遺言書を書かないままに亡くなったというケースにしばしば出会います。その結果、争族が起きたという話も聞きます。

ご遺族から「遺言書を書くって言っていたのに、なんで書いてくれなかったの？」と嘆かれないようにしましょう。形式に悩んだ時は、まず今の想いを自筆証書遺言で残しておくのがおすすめです。

③秘密証書遺言

次にお話しする秘密証書遺言は、普通方式の遺言書の中では最も作成数が少ない遺言の方式です。

秘密証書遺言は、遺言書が遺言者のものであることを公証人に証明してもらうという遺言の方式です。遺言書自体は遺言者が作成します。

秘密証書遺言では、本文は自筆でなくてもかまいませんし、日付がなくてもかまいませんが、遺言者の署名・押印は必要です。作成した遺言書は封筒に入れ、遺言書に押印した印鑑で封印をします。遺言者が、公証人と証人（2人以上）の前に封筒を提出し、自分の遺言であることと、自分の氏名と住所を言います。公証人は遺言書が提出された日付、遺言者の氏名と住所を封筒に書きます。そして、その封筒に公証人、証人、遺言作成者本人が署名・押印して完了です。

遺言の内容を第三者に知られることがなく、遺言者の遺言書であることを公証人に証明してもらえることが秘密証書遺言のメリットです。

しかし、公正証書遺言と違い、遺言の内容は公証人がチェックしないため、遺言内容の有効性は保証されませんし、公証人は遺言書を保管しませんので、紛失や出てこない危険性があります。

秘密証書遺言作成にかかる公証役場での費用は1万1000円です。

～特別方式の遺言書～

通常は、自筆証書遺言、公正証書遺言、秘密証書遺言のいずれかの普通方式の遺言書を作成します。しかし、普通方式の遺言書を作成することができない特別な状況にある人でも遺言をすることができるように、特別方式の遺言書があります。特別方式の遺言書は4種類あります。

④一般臨終遺言

一般臨終遺言は、病気や事故などで死期が迫った状況にいる人のための遺言です。この遺言には証人3名以上が立ち会い、遺言者がそのうちの1人に遺言を口頭で伝え、聞いた証人がその内容を筆記して、遺言者と他の証人に読み聞かせます。全ての証人が筆記された内容が正確なことを確認して署名・押印します。

⑤難船臨終遺言

難船臨終遺言は、遭難した船、または飛行機の中で死期が差し迫った状況にいる人のための遺言です。この遺言では証人2名以上が立ち会い、遺言者が証人に口頭で遺言を伝え、証人はその内容を筆記して署名・押印をします。

⑥一般隔絶地遺言

一般隔絶地遺言は、伝染病のために行政処分で交通を断たれた場所にいる人が行うことのできる遺言をいいます。この遺言では警察官1人と証人1人以上が立ち会い、遺言者の意思に従って遺言書を作成します。自筆でなくてもかまいません。作成された遺言書に、遺言者、筆者、立会人（警察官）、証人が署名・押印をします。

⑦船舶隔絶地遺言

船舶隔絶地遺言とは、船舶中にいる人が行うことができる遺言です。船長または事務員1人と証人2人以上が立ち会い、作成方法は一般隔絶地遺言と同様に、遺言者の意思に従って遺言書を作成します。作成された遺言書に遺言者、筆者、立会人、証人が署名と押印をします。

このように、遺言書には7種類あります。通常は、普通方式の遺言書の3種類の中から選びます。公正証書遺言の場合は、公証人が遺言書を作成しますので、無効な遺言にはなりませんが、それ以外の形式の遺言は、遺言者が内容を決めますので、不十分な知識で遺言書を作成すると、もめる遺言書になってしまいます。重要な遺言書を、もめない遺言書にするために、有効な遺言書の書き方を知っておきましょう。

2. 遺言書に書けること

遺言書に書いて法的な効力を持つこと（遺言事項）は法律で決められています。つまり、それ以外のことは遺言書に書かれていても法的には意味がないということです。これをよく理解して、遺言書を書きましょう。それでは、遺言事項の主なものを3つに分けて、それぞれの例を示していきます。

（1）遺産をどう分けるか

遺言事項の1つめは遺産の分け方です。遺産の分け方を書くことは遺言のメインテーマです。争族は遺族による遺産分割協議がまとまらない場合に起きます。遺言は、遺産分割協議に優先します。遺産の分け方が適切に書かれていれば、争族が起きる可能性は低くなります。自分の想いをかなえ、争族を防ぐために、遺言書に遺産の分け方を書くことは必須の遺言事項です。では、遺言でどのように遺産を分けることができるのかをご説明していきます。

法定相続分と異なる割合で遺産を相続させることができる

遺言書がない場合には、相続人による遺産分割協議で遺産の分け方を決めます。その時のひとつの目安になるのが、法定相続分です。遺産分割協議がまとまらない時には家庭裁判所で決めてもらいますが、その際も法定相続分が遺産分割の基本となります。しかし、遺言書ではこの法定相続分とは違う割合で遺産を分けるように決めておくことができます。

ご夫婦と子ども2人（長男・長女）の家庭で、ご主人が亡くなった場合を例に取ってお話しします。相続人は妻、長男、長女で、法定相続分は妻が2分の1で、長男と長女は4分の1ずつです。遺産分割協議がまとまらない時はこの割合で遺産を分けることになります。遺言書で指定しておけば、これを遺言者の希望するように変えることができます。妻に3分の2、長男と長女はそれぞれ6分の1としてもかまいません。このように、遺言書があれば法定相続分によらない相続ができます。

ただし、遺言で相続分を決める場合には注意が必要です。

例えば、遺産が預貯金のように分けられる財産の場合は、遺言書に書かれている割合で分けることができます。しかし、遺産に不動産や預貯金、株、投資信託、ゴルフ会員権、車などのように、いくつかの財産が含まれている場合は、誰がどの遺産を取得して、遺言書に書かれている割合にするのかを協議して決めることになります。

遺産全体に対して各相続人がもらえる割合は決まっているので、各相続人の遺留分にだけ気をつけておけば、もらう額をめぐって相続人同士が争うことはありませんが、何をもらうかで争うことがあります。

遺産にたくさんの種類の財産がある時や相続人同士の仲がよくない場合は、せっかく遺言書を作っておいても、誰が何をもらうかの協議でもめてしまうかもしれません。相続割合を指定した遺言書を書く時のポイントは、財産内容と家族関係に注意することです。

相続人ごとに財産を特定して相続させることができる

相続割合を指定するのではなく、相続人ごとに相続させる財産を決めておくこともできます。遺産にたくさんの種類の財産がある時や、誰が何を相続するのかで相続人同士がもめる可能性がある時には、相続人ごとに財産を特定して相続させるという遺言書にすべきです。

この書き方であれば、遺言者が特定の相続人に特定の財産を相続させることができます。想いの実現のためにも適した遺言方法です。

夫婦で長く暮らした家は妻に、長男とよく通ったゴルフクラブの会員権は長男に、長女と長期休暇を楽しんだ別荘は長女にと、ぜひ、この人に相続してもらいたいという財産があると思います。その思いをかなえる遺言の方法がこれになります。

注意すべき点としては、物の分配方法ばかりに目が行き過ぎると、各相続人がもらう財産額への配慮が欠けることがあります。各相続人の受取額が、遺留分を下回らないようにすることが重要です。遺留分には気をつけておかないと、争いが起きる可能性があります。

相続人以外の人に遺産を相続させることができる（遺贈）

ここまでは、相続人への遺産相続という観点からお話ししてきました。ここでは、相続人以外の人に遺産をあげる方法についてお話しします。

遺言書がなければ、相続人以外の人が遺産を受け取ることはできません。しかし、遺言書があれば相続人以外の人にも遺産をあげることができます。

遺言書に書くことによって遺産を相続人以外の人にあげることを「遺贈」と言います。相続権がない孫にも遺産をあげたい、お世話になったあの人にも遺産をあげたいと思われる方もいます。

相続人以外の人に遺産をあげたい人は遺言書に書いておかなければなりません。相続人以外に遺産をあげたい人がいたのに、遺言書がなかったためにその想いが実現できなかった例をご紹介します。

＊

お母さんを亡くされた息子さん（末っ子）からの相談でした。お父さんはすでに亡くなっていて、相続人は相談者と長女と二女でした。相談者と相談者の奥さんはお父さんが亡くなった時からお母さんと同居をしていました。

奥さんは、同居を機に仕事を辞めてお母さんの世話もよくしていました。お母さんは奥さんにとても感謝をしていて、奥さんのことを自分の子どものように思っていました。お母さんは、自分の遺産は奥さんと3人の子どもで4分の1ずつ分けるようにと相談者に言っていたそうです。

姉たちも、奥さんには感謝の言葉を口にしていたので、遺産は4分の1ずつ分けなさいという母の考えを理解していると思っていました。

しかし、お母さんが亡くなると、姉たちは、「遺産は相続人3人で均等に分ける」と言い出しました。相談者は、お母さんから遺産を4人で分けるように言われていると話しましたが、「あなたの奥さんには相続権がなく、遺言書もないので、あなたの奥さんに分ける必要はない」と一蹴されました。「あなたの奥さんに対しては、あなたが受け取る遺産の中からいくらかあげればいい」とも言われ、強い憤りを感じられていました。法律的には、姉たちが言うことは間違ってはいません。

相談者は、なんとか母の想いをかなえたいと、いろいろな人に相談しました。その中の1人から、生前に被相続人の財産が減らないように維持したり増やすことに貢献すると、相続の時に遺産をその分多くもらえる（寄与分）ことがあるという話を聞いたそうで、奥さんがこの対象にならないか、というのが相談の主旨でした。

原則として寄与分は相続人だけに認められるものです。このケースで相続権のない奥さんに寄与分が認められるとすれば例外的なものです。

相続に詳しい弁護士にも相談されましたが、やはり寄与分の主張は難しいとの回答でした。相談者が受け取る遺産を奥さんに分けるのは簡単なことでしたが、お母さんの面倒を全て奥さんに任せて何もしなかった姉たちに、せめて感謝の意を込めて、いくらかでも奥さんに渡してほしかったのです。それはお母さんの想いでもあったのですが、姉たちには通じませんでした。

結局、遺産は3分の1ずつに分けられました。相談者は奥さんに自分の受け取った遺産の半分を渡そうとしましたが、お金が欲しくてやっていたわけではないとの理由で奥さんは受け取りませんでした。ただ、「姉たちからありがとうの一言がなかったのは残念」とポツリとおっしゃったそうです。結果的に、相談者と姉たちとの関係には大きなひびが入りました。

「遺産のうち4分の1を長男の妻に遺贈する」と書かれたお母さんの遺言書があれば、奥さんの労も報われて、姉たちとの関係も維持できたのではないかと思える残念な案件でした。

改正民法で、寄与に応じた金銭を請求できるようになった

改正民法では、被相続人に対して無償で療養看護その他の労務を提供したことにより、被相続人の財産の維持または増加について、特別の寄与をした相続人以外の親族は、相続開始後、相続人に対し寄与分に応じた額の金銭を請求できるようになります（2019年

7月1日施行)。

ただし、この請求は、相続開始および相続人を知った時から6カ月、または相続開始の時から1年以内にしなければならないので、注意が必要です。

自分の死後、○○をしてくれるなら～負担付遺贈もできる

ここまでに示した遺産の分け方では、遺産をもらう人は、何も負担することなく遺言書に書かれた遺産を受け取ることができます。一方で、こんなことをしてくれたら遺産をあげるというように、遺産をもらう人に一定の義務を負担してもらう遺贈の方法もあります。これを負担付遺贈《ふたんつきいぞう》と言います。

例えば、「妻の介護をしてくれるならば、預金をあげる」「住宅ローンを引き継いでくれたら家をあげる」「障害のある弟の面倒を見てくれたら土地をあげる」などというものです。

もし、指定された人が負担付遺贈を受け取りたくない時は、これを放棄することもできます。その場合、放棄した人の負担を受ける立場にあった人が財産を受け取ることができ

ます。

例えば、「妻の介護をしてくれたら○○さんに預金をあげる」という内容で、○○さんがこの負担付遺贈を放棄したら、○○さんの介護を受けられなくなった妻がその預金を受け取ることができます。

負担付遺贈の遺言をする時は、遺贈を受け取りながら、その負担を果たさない人もいるかもしれませんので、それを見守るために、遺言執行者（93ページ）を指定しておくといいでしょう。

遺言執行者は、未成年者と破産者以外の人なら誰でも指定することができます。その遺言の執行に関するあらゆる権利を有しています。

生前贈与した財産を、遺産分割の対象にしなくできる

被相続人から生前に不動産をもらったり、結婚費用や生活資金の援助を受けたり、生前に贈与された財産（特別受益）も、遺産分割の時には遺産に加えて各相続人の相続分を計

算します。

しかし、遺言書に「特別受益分については相続財産とは関係ないものとする」（特別受益の持ち戻し免除）という記載があれば、特別受益分は遺産に加えずに、遺産のみを対象として各相続人の相続分を計算することになっています。つまり、生前贈与分はもらった人の財産となります。

ただし、持ち戻し免除の記載があったからといって、生前贈与分が無制限に免除されるわけではありません。各相続人の遺留分は、持ち戻し免除の記載があっても守られます。遺留分を計算する際には、生前贈与分を遺産に加えて算出します。

生前贈与の持ち戻し免除が有効となるのは、各相続人の遺留分が守られている時です。これを知らずに遺言書を作ると、もめる遺言書になってしまうかもしれませんので、よく覚えておいてください。

改正民法で、配偶者に生前贈与した家や土地にも特例が

この「持ち出し免除」も、改正民法で変更された点があります。婚姻期間が20年以上の夫婦の一方が、配偶者に対し住んでいる家や土地を生前に贈与、または遺贈した時は、特別受益の持ち戻し免除の意思表示があったものと推定し、贈与された不動産を遺産分割対象財産から除外して、それ以外の財産で遺産分割を行うことができるようになったことです（2019年7月1日施行）。つまり、その家と土地は遺産とは関係なく配偶者のものになります。

例えば、せっかく生前に家や土地を妻に贈与しても、遺産分割の際には特別受益として遺産分割の計算に含められていたため、妻は他の遺産が受け取れないことがありました。しかし、生前に配偶者に贈与された居住用の不動産は原則として遺産分割の計算に含めないことになり、配偶者は不動産以外の遺産を取得することが可能になりました。

生前贈与や遺贈によって、居住用不動産を取得することができるとともに、預金などの

金融資産も受け取ることができれば、今後の生活資金に充てることができます。これもまた配偶者にとって大きな意味を持つ改正になります。

5年以内であれば遺産分割を禁止することもできる

家族が亡くなった時には、迅速に相続手続きをすることが好ましいと考えています。遺族の今後の生活のために遺産が必要であったり、時間をおくことで相続人同士の間で行き違いや仲違いが起きて、被相続人の死亡後すぐであればまとまった話がまとまらなくなったり、相続権を持った人が亡くなり、相続関係が複雑になることがあるからです。そう考えると、相続手続きは早めに終わらせたほうがよいと考えます。

一方で、遺産分割協議は思いのほか、精神的負担や時間、労力がかかります。遺産の分割方法については相続人に話し合って決めてほしいと思っている場合に、相続人の中に学業に専念している、未成年である、遠隔地にいるなど、遺言者が死亡した時に遺産分割協議でわずらわせたくない、自分の意思を表明できる年齢や状態で遺産分割協議に参加させ

配偶者の特別受益の持ち戻し免除とは

婚姻期間 20 年以上の妻への生前贈与　　**遺産**

不動産 2000 万円　　預金 2000 万円

夫（故人）、妻、子 1 人の例

遺言書での記載がなければ生前贈与分は遺産に組み入れられる

改正前

遺産総額
＝預金2000万円＋不動産2000万円（特別受益）

〈分配の一例〉

妻（1/2）　不動産 2000 万円

子（1/2）　預　金 2000 万円

↓

婚姻期間が 20 年以上の夫婦の場合、遺産から自動的に除外される

改正後

※2019年7月1日施行

遺産総額
＝預金2000万円＋不動産~~2000~~万円

〈分配の一例〉

妻（1/2）　預　金 1000 万円＋不動産

子（1/2）　預　金 1000 万円

たいなどの理由で、遺産分割協議を先に延ばしておきたいと考える人もいます。

遺言書があれば、遺言者が亡くなってから最大5年間は遺産分割を禁止することができます。

例えば、遺言者には妻と18歳の長男と16歳の長女がいるとします。この時に遺言書に「長女が20歳になるまでは遺産の分割を禁止する」と書くことができます。今は未成年の長女も、成人すれば自分の意思で遺産分割協議に参加することができます。その間は、遺産は凍結された状態になりますので、相続税などの支払いはそれぞれの財産から法定相続分で分割すると仮定して、それぞれが相続税を納めることになります。

しかし、妻や長男、長女が相続税を、自分の資産から支払うことができない場合もあります。また、妻が長男と長女を育てていく上で必要となる資金を遺産から出さなければならないこともあると思います。そのような状況も考えて、財産の一部だけは遺言で妻や長男、長女に相続させて、その他の財産について分割を禁止することもできます。反対に、一部の財産だけ遺産分割を禁止して、その他の財産は分割できるようにすることもできます。

(2) 誰に財産を渡すか、渡さないか

ここまで、遺言のメインテーマである遺産の分け方についてお話ししてきましたが、遺言で相続人の認知や廃除《はいじょ》といった、相続人の地位にかかわることについて書くこともできます。これは時として重要な役割を果たします。

婚外子の子どもを認知することができる

婚姻外の子どもというのは結婚をしていない男女の間に生まれた子どものこと（非嫡出子《ひちゃくしゅっし》）です。非嫡出子は母親が出生届を提出し、子どもは母親の戸籍に入ることになります。

非嫡出子は父親に認知されていなければ、父親に対する相続権がありませんが、父親が認知すれば、婚姻している男女の間に生まれた子（嫡出子《ちゃくしゅっし》）と同様に、父親に対する相続権があります。生前に認知しなかった子どもでも、自分が死亡した時には遺産を相続さ

せたいと思えば、遺言で認知した上で、その子に遺産を相続させることができます。

遺言による認知の手続きには遺言執行者（93ページ）が必要ですので、遺言で認知をする場合は遺言執行者も決めておくべきです。

相続人の相続権をなくすことも可能（相続廃除）

前項でお話しした遺言による非嫡出子の認知は、このままでは相続権がない人に相続権を与える遺言事項ですが、反対に、遺言で相続権のある人から相続権を奪うことも可能です。

自分が死亡した時に相続人になる人（推定相続人）が自分に対して虐待や重大な侮辱行為を行ったり、事件を起こしたり、浪費して被相続人にその借金を払わせたりするような重大な非行があった時には、遺言でその人から相続権を奪うことができます。これを相続廃除と言います。相続廃除は生前に家庭裁判所に申し立てても行えますが、遺言でもできます。その場合は「○○を相続人から廃除する」と書きます。

息子から虐待を受けて施設に保護された人から相談を受けたことがあります。その息子には絶対に自分の遺産を渡したくないとのことで、弁護士に相続廃除について相談するようにすすめました。相談の結果、生前に相続廃除をすると仕返しが怖いとのことで、遺言で相続廃除をすることにされました。

遺言で相続廃除をする時には遺言執行者を決めておいて、遺言者が亡くなられた後に遺言執行者が家庭裁判所に申し立てて行います。悲しいことではありますが、推定相続人から虐待などを受けているようなことがあって、その推定相続人に遺産を渡したくない時は、このような相続廃除の遺言を作ることができるのです。

逆に、生前に相続廃除をした人がその後に言動を改めたりして、相続人として復活させてもよいと思われた時は、遺言でその相続廃除を取り消すこともできます。

(3) 遺言執行者をどうするか

被相続人が有効な遺言書を残していて、相続人間の争いもなければ、いよいよ遺言書を使って相続手続きです。遺言書があるから相続手続きは簡単だろうと思われるでしょう。しかし、相続手続きを円滑に行うためには、相続手続きに関して、本書でお話しした程度の基礎知識が必要です。また、時間も必要ですし、労力もかかります。

そこで、遺産をもらう人の相続手続きの負担を軽くするために、遺言で、相続人を代表して手続きを行える人（遺言執行者）を決めておくことができます。

遺言執行者を決めておくことのメリット

遺言執行者は各相続人の代表として、法律でさまざまな手続きを行う権限を与えられています。遺言執行者は未成年者と破産者以外の人であれば誰を指定してもかまいません。遺言執行者を指定しておくと手続きの全てを遺言執行者が1人で行うことができますが、遺言執行者が指定されていないと、財産を受け取る人がそれぞれに手続きをしないといけません。その手続きは、時として相続人にとって大きな負担になってしまうことがあります。

遺言執行者が定められていなかったために、相続人がとても苦労された例を紹介します。

＊

お父さんを亡くされた息子さん（長男）からのご相談でした。相続人はお母さんと長男、二男、長女、二女でした。長男だけが東京にいて、両親と他の相続人は遠方で別々に暮らしていました。お父さんは遺言書を残しておられ形式も内容も問題なく、相続人間の争いもありませんでした。

遺言執行者の指定がありませんでしたので、遺言書に書かれている遺産を受け取る人が、その遺産ごとに自分で手続きをしなければなりません。銀行や証券会社がたくさんあって、受取人はさまざまで、不動産も何カ所もあり、もらう人もそれぞれ違っています。そのため、1通の遺言書を使って1カ所ごとに手続きをしていかなければならないので、気が遠くなるような内容でした。しかも、相続税がかかる遺産額だったため、10カ月以内に手続きを終えて相続税を支払わなければなりません。

私のところに相談に来られた時には、お父さんが亡くなられてから5カ月が過ぎていました。長男は、葬式や法事などが終わって一段落してから自分が受け取ることになっている預金の払い戻しをするために、A銀行に行って必要な書類を聞きました。お父さんの出生から死亡までのすべての戸籍謄本と、相続人全員の戸籍謄本と印鑑証明書がその主な必要書類でした。

長男は銀行から聞いていた戸籍謄本と、相続人全員の印鑑証明書を取り寄せて持参したのですが、戸籍謄本の不足を指摘されました。お父さんは何度も本籍地を変えていたため、なかなか戸籍がひとつにつながらず、他にも取り寄せなければならない戸籍謄本がいくつもの市町村にありました。指摘された戸籍謄本を取り寄せて持参したものの、さらに不足する戸籍謄本を指摘され、必要な戸籍謄本全部が揃うまでに2カ月以上かかったそうです。

次にA銀行のお父さん名義の預金の解約払い戻し書類に、相続人全員に署名と実印を押してもらい、戸籍謄本と印鑑証明書を揃えて提出したところ、最初に集めた印鑑証明書は発行から3カ月を過ぎていたため、新しいものを提出するように言われました。改めて相続人全員から新しい印鑑証明書を送ってもらい、ようやくA銀行での相続手続きが終わりました。

これと同じことを何度も繰り返して、10カ月以内に全ての手続きを終えるのは無理だと判断し、相談にお越しになりました。残りの期間を考えると、相続人がそれぞれに手続きをしていては間に合わないだろうし、長男は疲労困憊《こんぱい》の様子でしたので、家庭裁判所で遺言執行者を選任してもらい、遺言執行者にこの先の手続きを任せたほうがよいと判断しました。

家庭裁判所で選任された遺言執行者（弁護士）が、迅速に手続きを進めてくれたおかげで、なんとか期限内に手続きを終え、相続税の支払いも間に合いました。

このケースでは、遺言書自体は立派なものでしたが、遺言執行者が指定されていなかったことで、長男は大変な苦労をしました。遺言執行者は、単独で遺言内容を実行する権限を法律で与えられていますので、相続人がそれぞれに自分で手続きをするよりはずっとスムーズに手続きができます。

遺言執行者は誰を指定してもかまいませんが、遺言執行をするために役所や金融機関などとやりとりをしたり、足を運んだりすることになります。ある程度の知識もないといけません。忙しくて時間の取れない人、遠方に住んでいて距離的に無理のある人や身体的に困難な人を指定すると、手続きを滞らせてしまいます。遺産内容、遺言内容によっては、経験豊富な専門家を指定しておきましょう。

とくに相続財産が多岐にわたっていたり、相続人が多数いたりするような場合には、遺言執行者を選んでおいたほうが安心です。遺言書には選任する執行者の氏名・住所・生年月日・職業を書いておきましょう。

祭祀権者を指定しておくこともできる

遺言書に記載できることとしては少し意外な感覚を持たれる方もいるでしょうが、被相続人やご先祖のお祀《まつ》りをしていく人（祭祀権者）を指定しておくこともできます。祭祀権者は、家系図や位牌、仏壇、仏具、お墓など（祭祀財産）を1人で受け継ぎます。

祭祀権者はあらかじめ、生前に口頭で指定することもできますし、遺言書に指定しておくこともできます。生前の指定がなく、遺言書での指定もない場合は慣習が優先されることになります。一族の慣習、居住地域の慣習などによって、祭祀についての取り決めはさまざまです。

このどちらでも決まらず、遺族の話し合いでも決まらない時は家庭裁判所で決めてもらうことになります。祭祀権をめぐって争いになるケースもあります。祭祀権者の指定がなかったため、もめてしまった例をご紹介します。

＊

お父さんを亡くされた息子さん（二男）からの相談でした。

お母さんはすでに亡くなっていて、相続人は長男と二男の２人で、遺言書がありました。遺言書には遺産の分け方について詳細に書かれていました。二男は葬儀や法事などで疲れたので、遺言書に基づいて相続手続きをしてほしいとのことでした。

遺言書はきちんと作られていましたので、手続きは問題なく終わりましたが、後日改めて二男から連絡があり、仏壇をどちらが引き継ぐのかでもめているとのことでした。長男は自分が引き継ぐのが当然だと主張し、二男は生前に口頭でお父さんから祭祀を引き継ぐように言われているので自分が引き継ぐとの主張でした。

そこで、２人とも普段からお世話になっていて頭が上がらない叔父さんが仲裁に入り、確かに被相続人は二男に仏壇を引き継がせると言っていたと証言したことで長男が折れました。
二男が仏壇を引き継ぎ、今後の祭祀も二男が行うことになったそうですが、これを機に兄弟は顔も合わせなくなりました。兄弟仲が悪かったとはいえ、最小限の交流はあったのに、これを機に一切の交流がなくなってしまいました。慣習では長男が祭祀権を承継するところを、二男に承継させるのであれば、長男が納得できるように、お父さんが遺言書の中で明確に、二男を祭祀権者に指定しておくべきでした。

この章では、もめない遺言書を書くための、これだけは知っておきたい遺言の基礎について触れてきました。遺言書には7つの種類があって、遺言書でできることは法律で決められています。自分の置かれた環境や持っている財産、相続人との関係をよく考えて、適切な遺言書を選び、メインテーマである遺産の分け方をはじめ、法律で有効とされていることの中から、必要と思うことを書き出していきましょう。

第3章 こんな人には遺言書が必要です

遺言書の形式がわかって、遺言でできること（遺言事項）が理解できたら、今度は、自分に、あるいは親に遺言書が必要かどうかを考えてみる必要があります。

「遺言書があれば争いは避けられたのに」

そんなふうに思うことが少なくありません。

私たちのように、相続に関わる仕事をしている者は、「争族」という言葉を日常的に耳にしたり、言葉にしていますので、「争族」は誰にも起こりうるものだと思っています。したがって、「遺言書」の必要性も強く感じています。

しかし、皆さんが相続に関わることはそう多くはありません。当事者として関わるのは一生のうち、2回くらいのものではないでしょうか。「争族」と言われてもピンとこなかったり、遺言書を書きましょうと言っても、どこか他人事に思えてしまうのも無理のないことだと思います。しかし、いざ当事者となった時は、経験が少ないからこそ意見がぶつかり合い、そうなると家族関係が崩壊するところまで争ってしまいがちです。これを予防するためには、遺言書の必要性をより多くの人にわかっていただかなければなりません。

相続に関わる仕事をして、遺言書の必要性をまざまざと見せつけられている行政書士の視点から、どんな人に遺言書が必要なのか、いくつかピックアップして、その必要性を明らかにしていきます。自分が（あるいは親が）遺言書が必要な人に当てはまるのかどうかを、ぜひ確認してみてください。

残された配偶者が一人暮らしになる人

ご主人が亡くなられた奥さんにとっての不安は、遺産分割だけでなく今後の生活にもあります。現在の日本では夫婦2人だけの核家族が増加していて、その約7割は夫婦どちらかの年齢が65歳を超えています。ご主人が亡くなると奥さんが一人暮らしになるケースが多いため、奥さんが今後の生活に不安を感じるのは当然のことです。

ご主人が亡くなってから奥さんが亡くなるまでの期間は、10年くらいと言われています。子どもたちから経済的な援助が受けられればいいのですが、子どもたちも自分たちの生活が精いっぱいで、親の援助どころではないような場合、奥さんは自分の収入で生活していかなければなりません。

ご主人が亡くなると、奥さんは遺族年金を受給できるようになります。ご主人が厚生年金、奥さんが基礎年金を受給して生活をしていたご夫婦の場合、ご主人が亡くなられた後は、遺族年金でやっていけるだろうと考えている人も多くいます。ところが、この遺族年金は期待しているほど多くはもらえません。

ご主人が生前に受け取っていた年金は、基礎年金と、勤め人であれば厚生年金（または共済年金）を合わせたものです。奥さんに支給される遺族年金はそのうちの厚生年金（または共済年金）部分のおよそ4分の3が目安となりますので、支給金額は、ご主人がもらっていた年金総額よりかなり少なくなります。奥さんが基礎年金だけの場合は、基礎年金に遺族年金を合わせたものが奥さんの年金収入総額になります。奥さんが厚生年金をもらっている場合は、自分の年金額と遺族年金額を比べて、多いほうを選択します。両方をもらえるわけではありません。

いずれにしても、ご主人が亡くなると世帯の収入はかなり下がりますが、かかる生活費は2人でも1人でもそう大きく変わりません。多くの場合、ご主人が健在の時より生活は苦しくなります。離れて暮らしていた子どもが一緒に住んで生活の支えとなってくれることもあまり望めません。健康なうちはまだいいとしても、介護が必要になったり、施設に入所するようになると、より支出が多くなります。

1人になる奥さんの今後の生活を考えた時に、頼りになるのはやはり遺産です。奥さんにとっては、遺産がどれだけ受け取れるのかは大変重要になってきます。遺産がたくさんあれば、法定相続分通りに遺産を分けても奥さんの生活には支障がないでしょうが、そうではない場合に、法定相続分では今後の生活に大きな不安が残ることもあります。遺言書がなかったために、奥さんの今後の生活に不安が残ってしまったケースにこんな例があります。

＊

ご主人を亡くされた奥さんからの相談でした。相続人は奥さん、長男、長女でした。遺産は自宅の土地建物で1000万円と、預金が200万円ほどでした。遺言書はありません。

遺産総額1200万円に対して奥さんの法定相続分は2分の1ですから、奥さんが受け取れるのは600万円で、子どもがそれぞれ300万円ずつです。長男は全部お母さんにあげようと長女に提案しましたが、長女はどうしても法定相続分をもらうと言って聞きませんでした。

長男は自分の相続分をお母さんに譲りましたが、お葬式にも100万円以上かかっていたため、遺産だけでは長女の要求する300万円を現金で払うことができません。お母さんはずいぶん悩みましたが、長女が求める通り300万円を支払うことにしました。遺産で不足する部分は、お母さんが自分の預金を取り崩して作りました。争族はなんとか収まりましたが、お母さんと長女の関係は、それ以降は途絶えています。

このケースで、全財産を妻に相続させるという趣旨の遺言書があればどうだったでしょう。遺言書があれば、長女の権利は遺留分になり、請求できるのは300万円の2分の1で150万円です。お母さんとの関係を壊してまで150万円を請求したでしょうか？請求したとしても、お母さんの負担額は法定相続分の300万円の半分になります。遺言書があるとないとでは大きな違いがあることがわかるでしょう。

自分が死亡した後に配偶者が1人で暮らしていくことになる場合に、自分の遺す財産に対する法定相続分で、配偶者は最後まで生活を不安なく送れるかどうかを考えてみる必要があるということです。

ここに挙げた例では、奥さんは遺産分割協議を丸くおさめるために、これからの生活のために貯めておいた預金を減らすことになってしまいました。

実は、これはよくあるケースです。遺言書は一部のお金持ちの話、というのは間違いであることがよくわかる事例でもあります。

この観点から見れば、財産が少なければ少ないほど、遺言書が重要になる場合があるということが、おわかりいただけると思います。自分の死後、年金や遺産では配偶者の生活に不安があるようなら、配偶者ができるだけ多くの遺産を受け取れるように遺言書を書いておくことを強くおすすめしています。

特定の相続人に多めに財産を遺してあげたい人

被相続人の子から相談を受ける際に、よく「親の面倒は私が見てきたので、親の遺産は私が全部もらう」と言われます。相続人が1人の場合ならそうなりますが、相続人が複数いれば自分1人で決めることはできません。相続人が子ども3人であれば、3人に3分の1ずつの相続権がありますので、相続人全員の同意がなければ、そのように相続することはできません。

法定相続分は均等だとしても、財産を遺す側（親）の各相続人（子）に対する想いは、均等ではないかもしれません。自分によくしてくれたり、自分が死亡した後の配偶者の面倒を見てくれる相続人には、他の相続人より多くの財産をあげたいと思うのは、当然の感情だと思います。「親の面倒は私が見てきたので、親の遺産は私が全部もらう」という相続人の主張は、被相続人の思いと一致することが多いでしょう。しかし、遺言書にその旨が書かれていてはじめて、全部もらうと主張することができます。

もちろん、他の相続人が被相続人の子どもであれば遺留分がありますので、全部とするなら、他の相続人に遺留分を請求される可能性があることを、遺産をあげる人に伝えておくべきです。

遺産をもらう人が、遺留分は相続人が持つ最低限の権利であるということを理解しておけば、遺留分請求をされた時に無駄な争いをせずに、冷静に対応できると思います。遺言書を作成する以上、争族につながる危険性は最小限にとどめておきたいところです。もめる遺言にしないために、各相続人の遺留分は守った上で、特定の相続人にあげる財産額を多くすることを考えましょう。

相続人が子ども3人であれば、1人あたりの遺留分は6分の1です。たくさんあげたい子どもには3分の2、それ以外の子どもには6分の1ずつとしておけば、争族になる可能性は極めて低くなります。そして、たくさんあげたいと思う相続人も、本来3分の1の相続権であるところを、その2倍もらうことができるので、「あなたにはたくさんあげたい」という遺言者の想いは十分伝わるのではないでしょうか？　想いをかなえることと同じくらい、もめない遺言書に仕上げることも重要です。

事業をきちんと子どもに承継させたい人

相続の問題は基本的に家族の中の問題で、その他の人に影響を与えることはほとんどありません。しかし、会社を経営している人が亡くなると、そうはいかない場合があります。事業主が亡くなれば直《ただ》ちに事業の承継者を決めて、新たな体制を作らなければなりません。承継者を決めるところで相続人がもめてしまうと、相続人だけでなく、事業全体に影響を与えて、従業員の生活を脅かすことにもなりかねません。

事業主は生前に、誰に事業を承継させるかを決めておかなければなりません。事業を承継させるということは、その会社の株を承継させることです。生前に事業を承継させるのであれば問題ありませんが、死亡を機に事業承継となるのであれば、遺言書に、誰に会社の株を相続させるのかを書いておかなければいけません。

遺言書に書いてない場合でも、遺産分割協議で会社の株を1人の相続人が相続する形でまとまればいいのですが、そうならなかった時は、それぞれの相続人が、この株を法定相続分で持つことになるかもしれません。そんなことになれば、株を相続した相続人が株主として事業に対して発言権を持つことになり、事業の円滑な運営に支障をきたすことがあります。もちろん相続人である兄弟が株を分けて仲よく会社を経営していくこともありますが、その兄弟が亡くなった時（二次相続後）には、その妻や子が会社の株を持つことも考えられます。

義理の兄弟姉妹、甥姪《おいめい》、従兄弟《いとこ》関係で中小零細企業がまとまって健全に経営できるとはあまり思えません。そうならないように、なるべく会社の株は1人にまとめておきたいところです。

中小零細企業の経営者が亡くなった時の相続で、事業の承継者が適切に指定されていなかったことで、事業の継続ができなくなってしまったこともあります。それは相続人のみならず、従業員や取引先など多数の人に多大な迷惑や損害を与えることになるかもしれません。事業を行っている人は、自分の死後に事業を承継させる人を遺言書で指定しておいてください。

特定の相続人に財産を渡したくない人

以上の2例は、どちらも特定の相続人がより多くの遺産を受け取ることができるようにするための遺言書でしたが、今度は特定の相続人にできるだけ遺産を渡さないような場合の遺言書です。

遺言書に書けることの中に、「相続廃除」がありました。これは、遺言者に対して虐待や著しい非行がある相続人から相続権を奪う手続きです。法律が保障している相続権を奪うので、遺言者が感じている虐待や非行が、相続廃除に相当するものなのかどうかは家庭裁判所が判断します。家庭裁判所が、相続廃除を認めないという決定（審判）をするかもしれません。しかし、家庭裁判所がどう判断するかは別にしても、遺言者が虐待されていると感じたり、相続人の非行があると感じていれば、その相続人に遺産をあげたくないと思うケースもあるでしょう。

特定の相続人に遺産をあげたくない場合は、遺言書にその意思を書いておかなければなりません。「長男の相続分はないものとする」と書くことはできますが、これだけですと遺産を誰が相続するのか不明なので、全ての財産の相続人を定めておいて、最終的にあげたくない人には何も行かないように書いておくのがよいのです。

例を2つ挙げてみます。

相続人が妻と長男の場合で、長男には財産をあげたくない場合は、

全財産を妻〇〇〇〇に相続させる。

相続人が妻と長男と長女で、長女に財産をあげたくない場合は、

長男には〇〇銀行〇〇支店の普通預金 口座番号1111111を相続させる。
妻には長男に相続させる財産を除くその余の全ての財産を相続させる。

のように、あげたくない人の相続分がない遺言書を作成します。相続廃除の意思を明確にしたければ、例えば、次のように書きます。

遺言者は、遺言者の三男〇〇〇〇（昭和〇〇年〇〇月〇〇日生）を相続人から廃除します。
遺言執行者は、家庭裁判所に対する廃除請求を遅滞なく行ってください。

ただし、相続廃除が認められない場合は、このようにあげたくない人に遺産が行かないような遺言があっても、遺留分がありますので、遺留分請求があることは念頭に置いておかないといけません。

遺留分を請求される可能性はありますが、遺言書がなければ、あげたくない人の権利は法定相続分になります。このような遺言書を書いておけばその権利は遺留分になり、法定相続分の半分にできます。遺言書が必須のケースです。

＊

財産の多くが自宅（不動産）など分けられない人

遺言書がなくて、争族になってしまうケースの中で比較的多いのが、相続財産が不動産のように分けられない財産だけのような場合です。

ご主人を亡くされた奥さんの相談でした。相続人は妻と長女、二女でした。

相続財産は、夫婦と長女が同居している家と土地（合計で約1500万円）だけで、預貯金などの金融資産はほとんどありません。奥さんの考えでは、自分も高齢で不動産を自分の名義にしても、また数年のうちに相続手続きをして長女の名義に変える手続きをしなければならないので、今回の相続では不動産と数万円の預金の残りを足した全ての財産を長女に相続させたいという相談でした。

遺言書がありませんでしたので、長女の名義にするには二女の同意も必要です。それは問題ないとのことでしたので、必要書類の収集をして、遺産の全てを長女が相続する遺産分割協議書を作成しました。

ところが、同意を得ているはずの二女から法定相続分の請求がありました。遺言書がない以上正当な権利ではあるのですが、二女の意外な行動に奥さんも長女も驚きました。二女は、お父さんが長女に遺産を相続させるという遺言書を残していると思っていたそうです。それが、遺言書がないことがわかり、考えが変わりました。

お父さんの意思なら従うが、そうでないなら自分の権利分はもらうとの主張でした。二女はお父さんとは仲がよかったのですが、お母さんやお姉さんとはあまり仲がよくなかったそうです。

二女の法定相続分は、4分の1ですので、取得できるのは遺産額（不動産）1500万円の4分の1で375万円です。奥さんは、長女に全て相続させることに同意してほしいと二女に何度も頼みましたが、二女の考えは変わりませんでした。

このケースでは、幸い長女に二女の法定相続分相当額である375万円を支払う財産があったので、奥さんと長女が今後も暮らしていく家を売らなければならないような事態にはなりませんでしたが、支払うだけの財産がなければ、お父さんが遺してくれた家と土地を売って二女の請求に応えなければならないところでした。

「お父さんの遺言なら、その通りでいい」

と言った二女の言葉が重く残りました。

遺言書があれば長女は負担なく不動産を相続できたかもしれません。遺言書がなくて法定相続割合に応じた遺産分割になっても、各相続人の法定相続分を支払える金融資産があればいいですが、遺産が不動産だけのような時は、それを売って各相続人の法定相続分に充てなければならなくなります。

遺言書があれば、各相続人の権利は遺留分になります。それなら請求しないという人もいますし、請求されても法定相続分の半分で済みます。このケースでも、遺言書を書いておくべきなのはお金持ちだけではないことがおわかりになるかと思います。これも遺言書は必須のケースです。

相続人同士の仲がよくない人

これまでに何度もお話ししてきたように、争族は遺産分割協議がまとまらないために起きます。相続人同士の仲がもともと悪ければ、この協議がまとまらないことは容易に想像できます。争族になるのは必然と考えています。相続人同士の仲が悪いにもかかわらず、遺言書を残していないために、もめにもめてしまったケースに出会うこともたくさんあります。

＊

お父さんを亡くされた息子さん（二男）の相談でした。
相続人は、妻と長男と二男（両親と同居）です。遺言書はありません。相続財産は、不動産が自宅の土地と建物2700万円、駐車場にしている土地800万円で、合計すると約3500万円、金融資産は預貯金や株などで1500万円ほどでした。遺産総額は約5000万円でした。

長男と二男は仲が悪く、まったく交流がありませんでした。二男の相談の主旨は、長男には父の遺産は一切渡したくないので、何かいい方法はないかというものでした。

遺言書がない以上、長男には法定相続分の遺産を受け取る権利があるので、長男の同意なく相続手続きはできません。長男の同意を得る以外に方法はないことを説明しました。長男と二男の仲の悪さはかなりのもので、お父さんのお葬式でも目すら合わせないほどでした。こんなにも仲の悪い相続人同士であれば争いは避けられません。

二男は長男と話をしたのですが、やはりもめました。二男の主張は全ての財産を母に相続させるというものでしたが、長男はあくまで法定相続分はもらうと主張しました。お母さんが全ての財産を相続するなら、お母さんには、自分の法定相続分相当額を金銭で支払ってほしいという主張でした。

お父さんの遺産は全てお母さんに渡したいという二男の気持ちはわかるのですが、遺言書がないので、長男の主張は法的に認められている権利内のものです。遺産総額は5000万円で、妻の法定相続分は2分の1で2500万円、長男と二男の法定相続分は4分の1で1250万円ずつです。

長男と二男の話し合いはまったく平行線のまま6カ月が経過しました。これ以上は長引かせたくないと考えたお母さんは、お母さんと二男が全財産を2分の1ずつ相続して、二男が長男に、長男の法定相続分に相当する1250万円ほどを支払うという提案をしました。

この分割方法ですと、妻が2500万円、二男が2500万円を相続することになります。妻の取得額は総遺産の2分の1ですので、法定相続分です。二男の取得額も2500万円で、こちらは法定相続分の2倍をもらうことになります。そこで二男はもらい過ぎている1250万円を長男に支払います。そうすると妻が2分の1、長男と二男が4分の1ずつ取得したことになり、法定相続分での相続になります。これに長男も同意して、長い争いは終わりました。

仮に「全財産を妻に相続させる」という遺言書があれば、長男の権利は遺留分となり、請求額を625万円に抑えることができました。そして、仲の悪い長男と二男が話をしなくても、長男とお母さんの話し合いだけで相続手続きも終えることができました。

お母さんはこれを教訓として、自分の相続ではここまでの争いにならないように、遺言書を作成することにされました。

相続人同士の仲が悪い時に、遺言書がなければ話し合いがまとまることはほとんど期待できません。

相続人が子どもだけで、その子ども同士の仲が悪ければさらにひどい争いになります。遺言書が必須のケースです。

前婚の子どもがいる人

次にお話しするケースでは、遺言書が必要であることを自覚されている人が多いかもしれません。

子どもがいる夫婦が離婚すると、多くのケースで子どもは母親の籍に入って母親の元で養育され、次第に父親と距離ができていきます。ほとんど行き来のない関係になることも珍しくはありません。そんな父親が再婚すると、相続関係は少しややこしくなります。この父親が亡くなった時の相続関係を確認してみましょう。

再婚した奥さん（妻）との間に子どもがいない場合は、妻と前婚の子が相続人になります。妻との間に子どもがいる場合は、妻と子どもと前婚の子どもが相続人になります。前妻が再婚して子どもに新しい父親ができても、その子が実の父の遺産をもらう権利は失いません。

遺言書がなければ、いずれの場合も、妻は前婚の子と夫の遺産の分け方について話し合わなければなりません。妻と前婚の子は極めて難しい関係にあることは誰でもわかるでしょう。再婚後に子どもができていれば、なおさら難しくなります。それにもかかわらず、遺言書のないケースに何度も出会ってきました。セミナーでこの話に触れる時には、離婚歴があって前婚の子どもがいて再婚している人に手を挙げていただきます。そして、

「遺言書は書いていますか？」

と聞くと、

「必要なのはわかっているけど、まだ先でいいでしょう？」

と答える人が多数を占めます。

「縁起でもないですが、今日の帰りに事故で亡くなる可能性もゼロではありませんよね？その時、あなたの奥さんは、あなたの前の奥さんとの間の子と、遺産の分け方について話さないといけません。遺言書がなくて大丈夫ですか？」

と少し意地の悪い質問をしてみます。すると、

「無理です」

と短く答えられます。自分が死ぬ時がわかればいいのですが、いつその時がくるかわかりません。このケースで遺言書がないままに亡くなると、奥さんが争族に巻き込まれることは必至です。該当する人は遺言書の作成を先延ばしにしてはいけません。

子どもがいない人

今度は子どもがいない人の場合について考えてみます。子どもがいれば、相続人は子ど

もまたは配偶者と子どもになります。遺言者から見れば一番近い相続人です。一番話がまとまりやすい関係ですが、それでもこれまでにご紹介したように争族になっています。本書で紹介した事例はほんの一部で、親子間の争族をたくさん見てきました。

一番まとまりやすい関係であっても争族は頻繁に起きています。それが、関係が遠くなればより争族は起きやすくなります。

子どもがいない場合の相続人は、配偶者と被相続人の親になります。親が相続人になるケースはそう多くはありませんが、被相続人の妻と親が遺産の分け方について話し合わなければなりません。嫁と姑が遺産を巡って話し合うわけです。もめる、もめない以前に、妻にとってはどう切り出していいのかもわからないですよね。

奥さんとご主人のお母さんが相続人で、遺産分割がなかなかまとまらなかったケースで、こんな例がありました。

＊

ご主人を亡くされた奥さんからの相談でした。

相続人は、妻と被相続人の母親でした。遺言書はありません。被相続人の父親はすでに亡くなっていました。相続財産は自宅の土地建物が約3000万円、マンションが約2000万円、被相続人の兄が経営する会社の株がおよそ500万円、預金が500万円くらいで合計6000万円ほどでした。

法定相続分は、妻が3分の2で母が3分の1です。奥さんは法定相続分で分けるという考えでしたが、お母さんの考えは違いました。被相続人の所有するマンションと会社の株は、被相続人のお父さんが亡くなった時に被相続人が相続した財産でした。これは○○家（被相続人の実家）の財産だから返してもらう。これを差し引いた分を3分の2と3分の1で分けるという主張をされました。

お母さんは、息子が先に亡くなったことで気が動転しているのか、相当強い口調で迫ったそうです。奥さんは返す言葉もなく、いったん話を打ち切られました。奥さんは仕事をしていないため、収入がありませんでした。早く相続手続きをしてお墓の購入や法事をしなければならないのに、とてもお母さんと遺産について話せる状態ではなく、途方に暮れていました。

後日、被相続人の兄が現れて、お母さんの非礼を詫びるとともに、遺産については、会社の株だけお母さんに相続させてくださいということでした。それでは法定相続分には足りませんが、それでいいと言われたそうです。その内容で遺産分割協議書を作成して、手続きを完了しました。

ご主人は病気で約1年の闘病生活をして亡くなられたそうです。病気をされているご主人に遺言書を書いておいてくれとは言えるはずもありません。しかし、遺言書が必要な家族関係です。

遺言書の必要性は、現状で考えるべきです。今、自分が死んだら……と考えるべきです。このように配偶者と親が相続人となる現状の人は遺言書が必要です。できればどちらも元気な時にせめて、

「全財産を妻○○○○に相続させる」
「全財産を夫○○○○に相続させる」

という遺言書を書いて、互いの遺言書を持っておきたいものです。

相続人以外に財産を渡したい人、施設や団体に寄付したい人

遺言書がなければ法定相続人以外の人が被相続人の遺産を受け取ることができないことは、これまでにもお話ししてきました。

法定相続人以外の人に遺産をあげたい人は、必ず遺言書を作っておかなければなりません。自分によくしてくれた長男の妻であったり、長女の子（孫）であっても、遺言書に書いておけば、誰にでも遺産をあげることができます。

被相続人の中には法定相続人のいない人もいます。配偶者がなく、子がなく、親も兄弟もいないとなれば相続人はいません。法定相続人がいないと被相続人の遺産は国のものとなります。

それが悪いことではありませんが、もし自分の遺産をあげたいと思う人がいるなら、遺言書に書いておいてください。相続人がいないわけですから遺留分もありません。自分の思う通りに自分の財産を渡すことができます。

ただし、この遺言書では遺言執行者の指定が必要になります。自分に代わって自分の想いをかなえてくれる人を選んでおきましょう。

また、自分の死後、財産を寄付したいと思う人もいるでしょう。遺言書に記載しておけば、自分の死後に自分の望む施設や団体その他、どこにでも寄付をすることができます。この場合も、自分の想いをかなえてくれる遺言執行者を選んでおきましょう。

相続人のいない人は、遺言書の作成が必須です。若くても元気でも書く必要があります。遺言書作成を先送りせず、今の想いを書いておきましょう。

このように見ていくと、遺言書が必要ない人は意外に少ないと思いませんか？　遺言書は必要ないと言えるのは、相続人が１人しかなく、他に遺産をあげたい人もいない、という人くらいでしょう。

必ず書いておかなければならない人、書いておくべき人、書いておいたほうがよい人。その必要度には差があるとは思いますが、遺言書が必要であることに気付かず、遺言書を書かずに亡くなると争族が起きてしまいます。

ここで挙げた例に当たる人は、一度ペンをとって遺言書を書いてみることをおすすめします。

第4章

もめない遺言書を作るためのポイント

遺言書を書いておくべきと感じられた方は、迷わず遺言書の作成に取りかかりましょう。そして、もめない遺言書を作ってください。もめない遺言書にするためには、遺言を書き始める前に基本事項をチェックすることが重要です。

それでは、事前チェックのポイントをご紹介しましょう。

1. もめない遺言書にするための事前チェック

①法定相続人は

自分が被相続人となった時の相続人はおわかりですか？　子どもがいる人は子どもが相続人です。子どもには、実子だけでなく養子や認知した子どもも含まれます。子どもがいない時は親が相続人に加わります。子どもも親もいない時は、被相続人の兄弟が相続人になります。

配偶者は子・親・兄弟とともにつねに相続人ですが、戸籍上の配偶者であることが条件で、内縁、事実婚の相手は配偶者にはなりません。

②法定相続分は

配偶者と子どもが相続人の時の法定相続分は、配偶者が２分の１で子どもが２分の１でしたね。子どもが複数いる時は２分の１を人数で割ると、子ども１人あたりの相続分が出ます。

配偶者と親が相続人の時の法定相続分は、配偶者が３分の２で親が３分の１です。両親ともに健在の時はその２分の１で、父・母それぞれ６分の１ずつになります。

配偶者と兄弟姉妹が相続人の時の法定相続分は、配偶者が４分の３で兄弟姉妹が４分の１です。兄弟姉妹が複数いる時は４分の１を人数で割ると、兄弟姉妹１人あたりの相続分が出ます。それぞれの法定相続分も合わせて確認しておいてください。

③遺留分は

法定相続人と法定相続分がわかったら、遺留分の有無を確認します。兄弟姉妹以外の法定相続人には遺留分がありましたね。これを忘れると、せっかく書いた遺言書がもめる原因になってしまうかもしれません。相続人に遺留分がある場合は、遺留分の割合も確認しておきます。

④相続人同士の関係は

争族は、相続人同士の遺産分割協議がまとまらない時に起きると何度もお話ししてきました。遺言書を作ることで遺産分割協議の必要はなくなりますが、相続人の仲が悪い場合、遺言内容によっては、遺言書があっても争族になる可能性があります。遺言書は遺言者の想いで作成するのが大原則ですが、相続人同士の関係性を踏まえて作成しないと、もめる遺言書になってしまいます。

⑤遺言に書く財産は

遺言では、遺言者の現在の財産を遺産と仮定して分け方を書きます。実際には遺言者が亡くなった時点での財産（遺産）を分けますが、遺言者が遺言を書く時点では、相続時に遺産の資産価値がどうなっているか正確にわかるはずもありません。したがって、遺言書を書く時点で遺言者が持っている全ての財産をもとに遺言書を書きます。改正民法では、財産目録については パソコンで作成したり、登記簿や通帳のコピーを添付することができるようになりました。

⑥相続税は

遺産額が一定の額（非課税枠）を超えると相続税がかかります。非課税枠は法定相続人の人数で決まります。

基礎控除額3000万円＋600万円×法定相続人の人数＝非課税枠

例えば、ご主人が亡くなり、相続人が妻と長男、長女の場合の非課税枠は、3000万円＋600万円×3人＝4800万円です。この場合、遺産額が4800万円を超えると相続税の申告と納税が必要です。

ただし、税法上の特例がいくつかあって、遺産の分割方法によっては遺産額が非課税枠を超えても相続税がかからない場合があります。例えば、配偶者の税額軽減です。配偶者は1億6000万円までか、法定相続分の範囲内であれば非課税で遺産を受け取ることができます。つまり、遺産総額が1億6000万円以内の場合、遺産のすべてを妻が相続すれば相続税はかかりません。

しかし、このような特例に当てはまらない場合は、遺産額が非課税枠を超えると相続税がかかると考えておいてください。

遺産額が非課税枠を超えて相続税の支払いが必要になった時に、相続人が相続税を遺産から支払うことができるように、受取財産の中に、相続税に充てることができるだけの金融資産（現金・預貯金など）を入れておきます。こうすると、相続人は自分の財産を切り崩して相続税を払わなくてすみます。

⑦生前贈与は

遺産を法定相続分で分割する時は、生前に贈与された不動産や生活資金（特別受益）なども遺産に加えて分割します（特別受益の持ち戻し）。金額の定めはありませんが、一般的なおこづかいやお祝いの範囲を超えて金額が突出していると認められれば特別受益になります。

特別受益分を、法定相続分の計算に入れたくない時は、遺言書に特別受益の持ち戻しを免除するように書いておく必要があります。

ただし、遺留分は、生前贈与の持ち戻し免除の記載があっても生前に贈与された財産を遺産に加えて算定します。生前に贈与した財産を忘れてしまうと、その他の相続人の遺留分を侵害した遺言書になってしまいますので、相続人となる人（推定相続人）にあげた財産も書き出しておきましょう。

⑧寄与分は

被相続人の介護を行ったりして、被相続人の財産が減らないように貢献した相続人には寄与分が認められ、その分、多くの遺産を受け取ることができます。しかし、実際にはこれが認められるためには、貢献の具体的内容や、それによって被相続人が得られた利益の額などを明確に示す必要があり、なかなか大変な手続きになります。それよりは、自分によくしてくれた相続人に多く相続させるような遺言を書いておいたほうが想いも伝わり、面倒な手続きもいりません。自分によくしてくれた相続人はいませんか?

⑨遺言者の想いは

遺言書を書く上で最優先すべきは、遺言者の想いです。遺言書を作りたいという相談者の中には、自分で作った財産目録を持ってきて、

「先生がいいと思うように遺言書を作ってください」

という方がおられます。私たち行政書士は、遺言者の想いを聞いて、その想いを実現させるために遺言書の原案を作成することはできますが、遺言そのものを考えて作成することはできません。遺言書は遺言者の意思で作成されなければなりません。他人の意思の入った遺言書は無効になります。

自分の想いを率直に書き出してください。

2. もめない遺言書の書き方のポイント1――遺産の分け方

事前チェックができたら、いよいよ遺言書を書きます。

もめる遺言書ともめない遺言書の分かれ道は、遺言のメインテーマである遺産の分け方をどう書くかで決まります。

もめない遺言書には「誰に」「何を」「どれだけ」「相続させるか（または遺贈するか）」が適正に書かれています。せっかく遺言書を書いていたのに無効になったり、もめたりする遺言書のほとんどは、ここに問題があります。

遺産の分け方をしっかり書くことがもめない遺言書への最重要ポイントです。「誰に」「何を」「どれだけ」「相続させるか（または遺贈するか）」の書き方についてお伝えしますので、しっかり確認してみてください。

①「誰に」の書き方

「誰」は、遺産をあげる人のことです。例えば、娘が2人いる人が、「娘に家を相続させる」と書いていても、どちらの娘を指すのかはわかりません。誰にあげるのかを明確に示していかなければなりません。

相続人の場合は少なくとも続柄、氏名、生年月日を書きます。

長男・東京一郎（平成5年5月20日生）

相続人以外の人の場合は、氏名、生年月日、住所（住民票記載の住所）を書きます。

大阪二郎（平成7年5月27日生）大阪市○○区○○町1番地1号

②「何を」の書き方

「何を」はあげる財産のことです。特定の相続人に特定の財産をあげる場合は、その物を特定できる情報を書いておかなければなりません。遺産にはどのようなものがあるのかは、「相続財産になるもの」（35ページ）のところでお話ししました。

土地・家屋などの不動産、現金、預貯金、株などの有価証券、自動車、骨董品、貴金属、ゴルフ会員権、著作権、特許権などですね。代表的な財産の書き方をいくつか挙げてみます。

「不動産」の場合は、法務局で登記簿謄本を取り寄せます。そこに記載されているように不動産の情報を書き込みます。

土地
所在　〇〇市〇〇区〇〇町〇〇丁目
地番　〇〇番〇〇号
地目　宅地
地積　〇〇平方メートル

建物
所在　〇〇市〇〇区〇〇町〇〇丁目〇〇番地

家屋番号　〇〇〇〇番
種類　居宅
構造　木造瓦葺二階建
床面積　一階　〇〇〇〇平方メートル　二階　〇〇〇〇平方メートル

「預金」の場合は銀行名、支店名、預金の種類、口座番号を書いてください。

「株式」の場合は、証券会社名、支店名、口座番号、株の銘柄などを書きます。

「自動車」の場合は、車検証に記載してある登録番号、種別、用途、車名、型式、車台番号などを、「ゴルフ会員権」であれば会員権証券に記載されている証券番号、「宝石」であれば、鑑別書や鑑定書、保証書といった記載事項などを書いてください。

③「どれだけ」の書き方

「どれだけ」は、あげる遺産の割合や価額、数量のことです。財産を特定せずに、遺産全部に対して相続人ごとに分割割合を決めて相続させる時は、それぞれの相続人の取得割合を書きます。

（例）妻に遺産の3分の2を相続させる。

財産を特定して相続させる場合でも、ひとつの財産を複数人で分ける時は、相続人ごとに取得割合や数量を書きます。

（例）妻に次の証券会社に保有する株式のうち、○○社の株1000株を相続させる。
○○証券　△△支店　口座番号33333

④「相続させる」のか「遺贈する」のか

相続人に遺産をあげる時は「相続させる」と書き、相続人以外の人に遺産をあげる時は「遺贈する」と書きます。これを間違えると相続手続きができなくなったり、面倒になったりしますので、十分に注意して使い分けてください。

⑤全ての財産の行き先を決める

財産を特定して、特定の相続人に相続させる時は、遺言書を書いた時に書き漏らしていた財産があったり、遺言書を書いた時と遺言者が亡くなった時に残っている財産が異なっていた時のために、

ここに記載した財産を除くその余の全ての財産は〇〇〇〇に相続させる。

という一文を加えておきます。そうすることで、全ての財産の行き先が決まります。遺言書を書く時は、一部の財産についてではなく、全ての財産の行き先を定めて書くことをおすすめします。

遺産の分け方をしっかりと書いておけば、無効な遺言書にはなりません。遺産の分け方を明確に書くことで、もめない遺言書に一歩近づきました。

3．もめない遺言書の書き方のポイント2——遺留分を必ず考慮する

次に注意しなければならないのは遺留分です。相続人のうち配偶者、子、親には遺留分があります。遺言者が、あの子には一切の財産をあげないと遺言書に書いたとしても、その子は他の相続人に遺留分を請求することができます。

遺留分は兄弟姉妹を除く相続人のために法律が保護している最低限の権利ですので、その相続人が相続廃除されるなど特段の事情がない限りは遺留分は守られます。遺留分を持つ相続人自身が遺留分を請求しなければ、遺言通りにはなるのですが、請求すればもらえる可能性が高いわけですから、遺留分を請求しないことはあまりありません。

どうしても遺産をあげたくない相続人がいるため、遺留分を侵害した遺言書を作る人もいます。その場合、私は遺言者に「遺留分を請求される相続人（法定相続分を超えて遺産を受け取る人）に、あらかじめ他の相続人から遺留分を請求される可能性があることを伝えておくように」とアドバイスをします。

どうしても遺産をあげたくないという特別な想いがある場合は仕方ありませんが、そうでなければ、極力、各相続人の遺留分を守った内容にすることで、もめない遺言書にさらに一歩近づきます。

4. もめない遺言書の書き方のポイント3——遺言執行者を指定しておく

遺言書に遺言執行者の指定がない場合は、相続人全員が協力して相続手続きをすることになります。そうなると、遺産の分け方が明確に書かれていて、各相続人の遺留分も守られ、争う要素がなくても、遺言執行者の指定がないことで手続きが難航する場合があります。

遺言執行者の指定がないと、遺言で財産の受取人が決められていても、相続手続き書類に相続人全員の署名・押印と印鑑証明書の提出を求める金融機関等があります。遺言内容に不満がある人や、仲が悪い相続人がいると、その人たちに、相続手続きに協力してもらえないこともあります。

遺言書に遺言執行者の指定がないことで、手続きを円滑に進められないような時は、家庭裁判所に申し立てをして遺言執行者を決めてもらいます。決定後は遺言執行者が手続きをしていきますが、決定までには時間がかかります。遺言執行者の選任を弁護士等に依頼すれば、その報酬もかかります。また、遺言執行者は家庭裁判所が決定しますので、相続人以外の専門家が遺言執行者になった場合は、遺言執行者への報酬も発生します。

遺言者が亡くなってから遺言執行者を選任すると、時間も費用もかかりますので、あらかじめ遺言書に遺言執行者を指定しておくべきです。遺言執行者には、相続や遺言書についての最低限の知識のある人で、役所や金融機関に足を運ぶことができる人を指定しておいてください。

5. 実例で見る、もめない遺言書への書き換え方1

もめない遺言にするために必ず守りたいポイントについてお話ししてきました。

ここまでお話しした内容をもとに、もめてしまった遺言書2通を例に、どこに問題があって、どのように書けばよかったのか、私が遺言者になったつもりで書き換えてみます。

最初の遺言書はこれです。

「お金は娘と息子に半分ずつ、株は息子にゆずります」

この遺言書は、お父さんを亡くされた息子さんが持ってこられました。遺言書が出てきたので、これを使って相続手続きができるかどうかという相談でした。残念ながら、この遺言書で相続手続きをすることはできません。そして、この遺言書はもめる遺言書になってしまいました。この遺言書の問題点を修正して、もめない遺言書に書き換えます。

ご遺族の状況等は次の通りです。

・法定相続人………長男　相続太郎（平成2年5月10日生）→被相続人と同居

長女　遺言桃子（平成4年1月10日生）

二女　相続花子（平成5年9月3日生）→被相続人と同居

前妻の子　前野一郎（昭和60年8月27日生）

・法定相続分………それぞれ4分の1

・財産状況………遺産総額4800万円（現金2000万円、預金2600万円、株式

２０００万円）

・**遺留分**………それぞれ８分の１（６００万円）

・**相続人同士の関係**………前妻の子と後妻の子なので難しい関係

・**相続税**………非課税

・**生前贈与**………なし

・**寄与分**………なし

・**遺言者の想い**

この遺言書からは、一番たくさんの遺産をあげたいのは長男で、次に同居する二女と推測できました。長男から聞いた話では、お父さんと長女は仲がよかったそうですし、お父さんは前婚の子とも交流があったようです。長女や前婚の子に遺産をあげたくないという想いは感じらせませんでした。遺言者と各相続人の関係は良好と考えます。

この遺言書の問題点を修正して、もめない遺言書に書き換えます。

まずは、遺産の分け方を書きます。

この遺言でいう娘と息子は同居をしている相続花子と相続太郎を指しそうです。遺産をもらう人は相続人ですので、遺言者との続柄、名前、生年月日を書いておけば、相続させる人が「誰」を指すのかが誰が見ても明確にわかります。

「娘」は「**二女・相続花子（平成5年9月3日生）**」と書きます

「息子」は「**長男・相続太郎（平成2年5月10日生）**」と書きます。

次に、「何を」です。この遺言書に出てくる財産は「お金」と「株」です。「お金」にあたりそうなのは、預金と現金です。

「お金」のところを、財産が特定できるようにします。

A銀行○○支店　普通預金　口座番号　１１１１１　の預金と現金

と書きます。

「株」は、B証券の△△支店にある株を指していると考えられます。
ですので、「株」は、

B証券△△支店 口座番号 22222に有する株式

と書きます。
次に、「どれだけ」です。この遺言書には、お金は半分としてあり、株には数量の指定がありませんが、おそらく株式の全部を意味していると思います。「何を」とともに「どれだけを」を表現してみます。

A銀行〇〇支店の普通預金 口座番号 11111の遺言者名義の預金と現金の2分の1
B証券△△支店 口座番号 22222 に有する遺言者名義の全ての株式

そして、受け取る長男も二女も相続人ですので、「相続させる」と書きます。

これで、全ての修正ポイントが揃いましたので、遺言全文を書き換えます。

「お金は娘と息子に半分ずつ、株は息子にゆずります」は次のように変わります。

1、長男・相続太郎（平成2年5月10日生）と二女・相続花子（平成5年9月3日生）に、A銀行〇〇支店の普通預金 口座番号 111111 の預金と現金を2分の1ずつ相続させる。

2、長男・相続太郎（平成2年5月10日生）にB証券△△支店 口座番号 22222に有する株式の全てを相続させる。

これで、無効であった遺言は有効な遺言になりました。しかし、長女と前婚の子の遺留分が守られていません。この2人から遺留分の請求がありそうです。

前妻の子からは当然あると考えるべきです。長女も3兄妹の中で1人だけ何ももらえないとなると、遺留分の請求は十分考えられます。仲のよかった兄妹の間でも争族となるかもしれません。このままでは「もめる遺言」になる可能性が高いですね。そのリスクも取り除いておきたいと思います。

「もめない遺言書」にするためには長女と前婚の子の遺留分を守る遺言書にする必要があります。お父さんの長男と二女に多くあげたいという想いは大事にしながらも、長女と前妻の子の遺留分を守る遺言にします。

長女と前妻の子の遺留分はそれぞれ６００万円です。長女と前妻の子に６００万円以上を相続させるようにしておけば、相続額をめぐって争う危険性はなくなります。これを念頭に置いて遺産の分け方を決めます。

株………全て息子
現金………二女
預金………長女と前妻の子にそれぞれ４分の1、二女に2分の1

長女と前妻の子には、預金の４分の１（６５０万円）を相続させます。長女と前妻の子の遺留分は600万円ですので、これで長女と前妻の子からの遺留分請求の心配はありません。預金の残り2分の1は二女に相続させます。

相続人それぞれの取得財産額は、長男が2000万円、長女は650万円、二女は1500万円、前妻の子は650万円となります。これで長男に一番多く、次に二女、という遺言者の想いも入り、長女と前婚の子の遺留分も守られる遺言となりました。

最後に遺言執行者を指定します。この遺産内容であれば、長男が遺言の執行をできそうですので、長男を遺言執行者に指定します。これでもめる要素がなくなりました。

実際、長男がお持ちになった遺言書は、「誰に」「何を」「どれだけ」「相続させる」のかが明確に書かれていませんでした。そして、何となく読み取れる内容から、自分の相続分が書かれていないことを察した長女の怒りを買いました。

予想通り、前妻の子から法定相続分の請求があり、4人の相続人が激しくもめてしまいました。それはお父さんの望むものではなかったはずです。お父さんにもう少し遺言書の知識があれば、もめない遺言書にすることができたはずです。

この遺言書は、法的にも実務的にも問題の多いものでしたが、遺言者の想いも想像でき

★もめない遺言書への改善例１

遺　言

遺言者、相続幸男は以下の通り遺言する。

１　長女 遺言桃子（平成４年１月10日生）と二女 相続花子（平成５年９月３日生）、長男（前妻 前野○○との間の長男） 前野一郎（昭和60年８月27日生）にA銀行○○支店の普通預金 口座番号1111111の預金を次の割合で相続させる。

長女 遺言桃子 ４分の１
二女 相続花子 ２分の１
長男 前野一郎 ４分の１

２　長男 相続太郎（平成２年５月10日生）にB証券△△支店 口座番号22222に有する全ての株式を相続させる。

３　二女 相続花子に、現金の全てを相続させる。

４　前各条に記載する財産を除く、その余の全ての財産を長男 相続太郎に相続させる。

５　本遺言の執行者に 長男 相続太郎を指定する。

平成31年１月１日

相続　幸男　㊞

る内容でした。ただ、準備不足と知識不足で、中途半端な遺言書になってしまったのが残念でした。

6．実例で見る、もめない遺言書への書き換え方2

次に紹介する遺言書は法的に問題がなく、実務的にも使える内容になっていたにもかかわらず、もめる遺言書になってしまった例です。

その遺言の主旨は、

「長男に不動産5000万円と会社の株2500万円を相続させ、二男に預金1500万円と株式1000万円を相続させる」

というものでした。

遺言書は形式や遺言内容に法的な問題はなく、実際の手続きにも使えるものです。しかし、この遺言書も、もめる遺言書になってしまいました。事前チェックができていなかったために、遺産の分け方を間違えてしまったことが原因です。間違いは相続税の見落としから起きました。

この遺言書は、お父さんを亡くされた息子さん（長男）が持ってこられました。遺言書が出てきたが、この遺言の一部を変更して相続手続きをしたいという相談でした。

この遺言書は丁寧に書かれていて、十分に相続手続きには使えそうでした。しかし、相談者にとってはこの遺言書通りに相続をすると、相続税が払えないという切実な問題を含んでいたのです。

この遺言書をどのように書けばもめない遺言書になっていたのかを考えてみます。

ご遺族の状況等は次の通りです。

・**法定相続人**………妻と長男、二男

・**法定相続分**………妻2分の1、長男と二男がそれぞれ4分の1

・**財産状況**………遺産総額 1億円

自宅の土地と建物 5000万円、会社の株 2500万円、

銀行預金 1500万円、証券会社 株式 1000万円

・**遺留分**………妻4分の1、長男と二男がそれぞれ8分の1
妻の遺留分は守られていませんが、妻に遺留分を請求する意思はなく、長男と二男の遺留分1250万円は守られているため問題はありません
・**相続人同士の関係**………問題なし
・**相続税**………非課税枠（4800万円）を超える5200万円に相続税がかかる
＊ここを考慮して遺産の分け方を決めなかったことが、もめる遺言書にしてしまった最大の原因です
・**生前贈与**………なし
・**寄与分**………なし
・**遺言者の想い**
妻は、自身の財産を持っていて今後の生活への不安もないため、遺産は子ども2人に渡したい。とくに長男に事業を継いでもらいたいという思いが強く、なるべく多くの遺産を相続させたい。二男には金融資産を相続させることで、とくに不満を言うことはないだろう。このような想いを持って書かれた遺言書でした。

この遺言書はどこから見ても法的には問題がなく、実行可能な遺言書でした。しかし、それでも争族が起きてしまいました。その問題点を具体的に見ていきます。

この遺言書には、遺産の分け方はしっかりと書かれています。しかし、分け方そのものに問題があります。その問題点は、長男が受け取る財産の内容にあります。長男は、不動産と会社の株で7500万円の遺産を受け取ります。これは法定相続分の3倍に当たります。取得額としては十分なのですが、受け取る不動産には母が住んでいて、自由に処分できるものではありません。会社の株もまた手放すわけにはいかないものです。

長男の受け取る遺産は額こそ大きいのですが、お金に換えることのできない財産（換価性のない財産）で、受け取る遺産の中から相続税を払うというわけにはいかず、相続税は自身の財産から払わなければなりません。

遺言内容を知った長男が税理士に相談したところ、詳しく計算してみなければわからないが、聞き取り内容から考えると、相続税額は800万円ほどになり、長男の支払う税額は600万円程度が見込まれると言われたそうです。

それを聞いて、慌てて相談に来られました。相談者には相続税を支払うだけの資産がないため、遺言の一部を変更して預金を自分と弟で分けるようにできないかとの相談でした。

遺言の都合のよいところだけ使って、それ以外は使わないということはできません。全てを遺言書通りにするか、相続人全員の同意を得て遺産分割協議に切り替えるかのどちらかです。遺産分割協議に切り替えて、遺産を法定相続分で分割することになれば、長男の法定相続分は4分の1ですので、取得額は2500万円となります。それは遺言による相続で受け取る額の3分の1になってしまいます。会社の株を受け取ると、それで法定相続分になります。

相談者は、弟のところに行き、弟が相続する預金のうち、長男が支払うことになる相続税に相当する額（600万円）を預金から譲ってもらえないかと頼みましたが、あっさりと断られました。長男は、今度は母のところに行ってお金を貸してもらうように頼みましたが、これも断られました。どちらとも激しい口論になったそうです。

家族からの協力が得られなかった長男は、銀行や知人、親戚のところを回ってなんとか相続税を払えるだけのお金を工面《くめん》しましたが、それで大きな負債を抱えることになりました。

長男は遺言書を使って単独で不動産の名義変更と自社株の名義変更を行うことができました。しかし、弟が銀行で遺言書を使って相続手続きをしようとしたところ、銀行の手続き書類に長男の署名と実印による押印を求められました。大げんかをした長男にそのようなことを頼む気になれず、二男の相続手続きがストップしてしまいました。

二男もまた相続税を払わなければならず、相続税の納付期限までに手続きを完了させたいのですが、銀行が長男の署名・押印なしでは手続きに応じてくれません。二男は思い悩んだ挙げ句、家庭裁判所へ遺言執行者の選任を申し立てました。

遺言執行者には、遺言の執行に関する一切の権限がありますので、遺言執行者が銀行で相続手続きをする際に長男の署名・押印は不要になります。遺言執行者が選任されるまでには少し時間がかかりましたが、選任後は手続きはスムーズに進み、納付期限までに完了させることができました。

全ての手続きはなんとか期限内に完了しましたが、この相続をきっかけとして長男と二男の関係は険悪なものになってしまい、長男とお母さんも冷戦状態が続いています。このように法的に有効な遺言書でも、もめる遺言書になってしまうことがあります。

この場合、どのような遺言書にすればよかったのでしょうか?

改めて問題点を押さえて、もめない遺言書に書き換えてみます。

この遺言書の問題点は、相続税が考慮されずに作成されていることです。長男の受け取る遺産額は大きいが、相続税は自身の財産から払わなければなりません。長男に会社を継がせるために会社の株を全部長男に相続させるのはいいのですが、妻の住む家を全て長男に相続させることにしたために、長男のもらう財産は換価性のない財産ばかりで、受け取る遺産の一部を相続税の支払いに充てることができません。

一方、配偶者には特別控除額があり、1億6000万円までは相続税がかからないため、自宅を妻に相続させても妻には相続税の負担がありません。そこで、長男に相続させるとされていた不動産は、妻に相続させるのです。

次に金融資産です。このままでは長男が受け取る財産は、自社株のみで換価性がありません。それでも相続税がかかります。相続税の支払いをするためにも長男には金融資産の相続が必要です。全て二男にとされていた金融資産を長男と二男で分けるようにすれば、長男は受け取る遺産から相続税を支払うことができ、会社を継ぐこともできます。

銀行預金と証券会社の株式を合わせると２５００万円になります。これを長男と二男に2分の1ずつ相続させます。そうすると、長男の取得額は会社の株と合わせて３７５０万円となり、二男の取得額は１２５０万円となります。これはちょうど二男の遺留分に相当する額になります。

長男の取得額は二男の取得額の3倍になりますが、会社の株は換価性がない財産で、長男は会社を継ぐとともに大きな責任を負うことになります。自社株はそれ自体を単純に財産と考えられるものではないため、残りの金融資産を長男と二男で等分となっても、二男の納得感は得られると思います。この分割方法は二男の遺留分も確保していますので、もめる遺言書になる危険性はほぼなくなりました。

相続財産が数種類あり、遺産の取得者も3名いて、それぞれが手続きをするのは大変そうですので遺言執行者を選任しておきます。そうすると次ページのような遺言書になります。

遺言

遺言者、相続幸男は次の通り遺言する。

1　妻○○○○（昭和○年○月○日生）には次の財産を相続させる。

土地

所在　○○市○○区○○町○○丁目

地番　○○番○○号

地目　宅地

地積　○○平方メートル

建物

所在　○○市○○区○○町○○丁目○○番地

家屋番号　○○○○番

種類　居宅

構造　木造瓦葺二階建

床面積　一階　○○○平方メートル　二階　○○平方メートル

★もめない遺言書への改善例２

２　長男○○○○（昭和○年○月○日生）には次の財産を相続させる。
株式会社　○○○○の株５，０００株
○○銀行　○○支店における遺言者名義の預金の２分の１
○○証券株式会社　○○支店おける遺言者名義の株式の２分の１

３　二男○○○○（昭和○年○月○日生）には次の財産を相続させる。
○○銀行　○○支店における遺言者名義の預金の２分の１
○○証券株式会社　○○支店おける遺言者名義の株式の２分の１

４　ここに記載した財産を除くその余の全ての財産は長男○○○○に相続させる。

５　遺言執行者として次の者を指定する。
氏名　○○○○
生年月日　○○○○
職業　○○○○

平成31年1月1日

相続　幸男　㊞

この遺言書ならば、各相続人の遺留分は守られ、全員が、受け取る遺産で相続税を納めることができます。事業を長男に継がせ、長男には二男より多くの遺産をあげたいという遺言者の想いもかなえられます。妻が住む家を妻の名義にするのも自然なことですし、妻の取得する財産については相続税がかかりませんので、全体として納める相続税額も抑えることができます。そして何より良好だった家族関係が、遺言書によって崩壊することもなかったでしょう。

遺言者にしてみれば、残される家族のことを想って一生懸命に考えて書く遺言書です。もめない遺言にするためにも、もめる要素を一つひとつ消していきながら、自分の想いを最大限に表現することが必要なのです。

★もめない遺言書にするためのチェックポイント

□法定相続人とその法定相続分・遺留分を把握し、それを考慮した遺言にする。

□遺言者が持っている相続財産の対象になる財産（35ページ）を漏れなく書き込む。

□相続税が課税されるかどうかを確認する（遺産の分配の仕方によっては相続税がかからなかったり、少なくなることがあることを理解しておく）。

□生前贈与・寄与分の有無を確認しておく。

□遺言者の想いを率直に書き出す。

□「誰に」「何を」「どれだけ」相続させるか（遺贈するか）を明確に記す。

□相続人に遺産をあげる時は「相続させる」と書き、相続人以外の人にあげる時は「遺贈する」と書く。

□必要に応じて遺言執行者を指定しておく。

第5章

私が出会った、子ども・家族を幸せにした遺言書

遺言書が、もめる遺言書になるかもめない遺言書になるかは、紙一重のことがあります。相談者から遺言書を見せられた時に、これは大丈夫と思った遺言書でももめることがありますし、これはまずいなと思ったにもかかわらず、円満な相続に大きく役立ったものもあります。

これまでにたくさんの遺言書を見てきましたが、とくに強く印象に残っている遺言書は、どれも一読した時にはまずいなと思った遺言書です。しかし、それがもめない遺言書になって、円満な相続が行われました。

まずいなと思ったのに、もめなかった遺言書には、もめないだけの理由があります。本書の冒頭で紹介した「1枚の絵だけの遺言書」がまさにそんな遺言書でした。この章では、そんな遺言書をさらに2例ほどご紹介しながら、もめると思った遺言書が、もめない遺言書になった理由をお伝えしたいと思います。

幸せをつないだ遺言書の実例1――心配りの遺言書

遺言者はお父さんでした。相続人は妻、長男、二男、長女。長男が遺言書を持って相談に来られました。長男は、その遺言の執行者に指定されていましたが、執行の仕方がわからないので教えてほしいという相談でした。その遺言書を読んで、これはもめるかもしれないと思いました。

遺言の主旨は、妻に自宅（土地と建物で約4000万円）と定期預金1000万円、二男には自動車（約100万円）を相続させ、長男の妻に株式約1000万円、長女のひとり娘（孫）に普通預金約1000万円を遺贈するという内容でした。遺産総額は7100万円です。

もうみなさんもおわかりだと思いますが、この遺言書にはもめる要素があります。長男と長女の相続分がありません。そして二男の相続分も遺産総額からするとわずかです。子ども3人には遺留分（約591万円）がありますが、いずれも遺留分が守られていません。

長男は妻が、長女は娘が遺産を受け取れるのでまだよいとしても、二男が受け取れる遺産はわずかに車1台だけです。

二男から遺留分の請求が起きる可能性が高く、もめるのではないかと思いました。長男や長女から遺留分の請求があってもおかしくはありません。遺言を執行する前に、遺留分のある人の遺留分請求の意思確認が必要ですので、まずは相続人全員からこの遺言内容で手続きをしてもよいかどうかの確認をしなければなりません。長男から、

「相続人全員を集めて遺留分請求の意思確認をするので、その場に同席して、もし誰も遺留分を請求しなかったら、相続手続きを手伝ってほしい」

と言われ、その場に私も同席することになりました。長男はお母さんと妹、弟の前でお父さんの遺言書を読み上げました。長男が遺言書を読み終わると、長女から私に、遺留分という制度についての説明を求められたので、丁寧に説明しました。

この遺言では、長男、二男、長女の遺留分が守られていないため、それぞれの権利についても詳しく説明しました。そして、長男が、自分は遺留分を請求しないと意思を表した上で、二男と長女に遺留分を請求するかどうかを尋ねました。

それまで黙って長男の話を聞いていた二男が口を開きました。二男は、お父さんがこの遺言書を書いた経緯を話し始めました。お父さんはずいぶんと悩んで、ようやく遺言に関する自分の考えが定まったところで、二男のところへその考えを伝えに来たそうです。その時に二男がお父さんから聞いた話の概要は、次のようなことでした。

まず、お父さんが考えた遺言の内容は次の3つでした。

①妻には家と定期預金をあげたい。
②長男の嫁に株をあげたい。
長男の嫁は、長男と結婚してからずっと、自分たち夫婦と多くの時間をともに過ごし、面倒を見てくれた。長男ではなく嫁に遺産をあげても、長男は自分の想いをわかってくれるだろう。
③孫に普通預金をあげたい。
少し障害のある孫と2人で暮らしている長女が、孫のために使えるようにしたい。

お父さんの想いは以上のようなものでしたが、これでは二男に残せるものがほとんどなくなってしまいます。お父さんはそれが気になって、二男がこの遺言を受け入れてくれるかどうかを聞きに来た、とのことでした。

二男は、お父さんが遺言書を書く前に自分のところに来て、お父さんの想いを聞かせてくれたことが嬉しかったようです。二男はお父さんの考えを尊重することにしました。二男の理解を得た上で、お父さんが書き上げたのがこの遺言書でした。

二男は、お父さんがこの遺言書を書いた経緯をこのように話しました。

私は、この遺言書を読んだ時に、お父さんと二男は不仲だったのかなと思ってしまいました。しかし、お父さんは決して二男に遺産をあげたくなかったわけではなく、お父さんの想いを強いものから順に並べていくと、このような遺言にせざるを得なかったのです。

二男もお父さんの想いを理解しました。それがこの遺言書に集約されています。お父さんはもめない遺言書にするための仕上げを見事にしていました。

これはもめるはずのない遺言書でした。誰からも遺留分請求は起こらず、それどころか、相続人全員がお父さんの心配りとお父さんの想いを受け入れてくれた二男に感謝しました。遺言執行者が指定されていましたので、相続手続きはスムーズに終えることができま

した。手続きが完了して、お母さんに会った時、
「私も夫のような遺言書を作りたいので、先生、手伝ってくださいね」
と言われました。後日、お母さんは本当に事務所にお見えになりました。何度も相談を重ねて、ご主人に劣らぬ遺言書を作られました。これもまた心に残る遺言書になるはずです。その遺言書はまだ開かれていません。

幸せをつないだ遺言書の実例2——最後のラブレター

もうひとつ、数ある遺言書の中で、私の中に最も強い印象を残している遺言書をご紹介します。

ご主人を亡くされた奥さんからの相続手続きに関する相談でした。

相続人は妻と長男、二男でした。ご主人が亡くなられて、奥さんがご主人の机を整理していると、預金通帳や証券会社の取引報告書、家の権利書などが出てきたそうで、この名義を変えたりしなければならないが、自分にはできそうにないので、手続きをお願いした

いとのことでした。

相続税がかかるほどではありませんでしたが、各種財産がありましたので、遺産分割協議がまとまるのであれば、相続手続きをさせていただきますと答えました。

テーブルには預金通帳や権利書などが用意してありました。その脇に1本の巻物が置いてありましたので、「それは何ですか？」と尋ねたところ、ご主人は書家だったそうで、作品ではないかと奥さんは言われました。念のために奥さんにその巻物を広げていただいて、中身を確認することにしました。

開いてみると、それは作品ではありませんでした。奥さんもびっくりしていました。

その巻物は「妻○○へ、あなたに出会ったのは昭和○○年○○月○○日○曜日の午後でした。私はあなたに会ってすぐに、あなたのことが好きになりました」という一文から始まりました。そこから先は2人で行ったところ、あった出来事が詳細に書かれていました。子どもが生まれた時のこと、子どもが育っていく様子、子どもの結婚式、その時の夫婦の想いなどが次々と書かれていました。これは、ご主人から奥さんへのラブレターでした。

後半に入ると奥さんへの想いが綴《つづ》られていました。「私と夫婦になってくれてありがとう。今も変わらずあなたのことを愛しています」。とても80歳を超えて書かれたとは思えないような文章でした。「今度生まれてきても私はあなたを妻にします。宜しくお願いします」と続けられる文章を、奥さんは涙を流しながら読んでおられました。

そして、「私はこんなに妻を愛しています。だから、私の財産は全部妻に相続させます。息子たちよ、子どもの頃のように仲良くしろ。そしてお母さんを宜しく」と結ばれていました。

最後まで読んで初めて、遺言書だとわかりました。すっかりこの素晴らしいラブレターに心を奪われていましたが、これが遺言書だとわかり、我に返りました。これはかつて見たことのない、まるで映画や小説の中に出てくるような、感動的な遺言書でした。

遺言書がある以上、遺産分割協議ではなく、遺言による相続手続きになります。この遺言は、長男と二男の相続分がない遺言なので、両者から遺留分請求があるかもしれません。長男と二男の考えを聞く必要があります。まずは2人にこの遺言書を読んでもらうことを提案しました。

お母さんには一抹の不安がありました。長男と二男はこのところあまりよい関係ではなかったそうです。ご主人と長男も多少の衝突があったようです。ご主人の遺言を2人がどのように受け取るのか不安がありました。それでも私は、きっとお父さんの想いは2人の息子に伝わると思っていました。

お母さんは、その場で長男と二男に電話をしました。2人ともその日は休みで家にいたので、お母さんはすぐに実家に来るように言いました。

1時間ほどで2人が到着したので、まずは、お父さんの遺産で今わかっているものについて説明しました。そして、遺言書を読むように言いました。2人は時間をかけてじっくりと遺言書を読みました。読み終わると、長男が二男に対して、

「どう思う?」

と聞いたところ、

「親父の想い通りにしよう。俺は何もいらない」

と答えました。長男は、

「俺も同じです。先生、この通り手続きをしてください」

と言いました。お母さんは号泣されました。私は遺言書の最後の部分『息子たちよ、子

どもの頃のように仲良くしろ。そしてお母さんを宜しく』というところを指して、

「ここはどうですか？」

と二人の息子に聞きました。長男が、

「そこも大丈夫です。兄弟で力を合わせて、お母さんを支えます」

と言い、二男も頷《うなず》きました。こんな遺言書を見たのは後にも先にも一度限りです。自分1人で考えて作成した遺言書で、これほど見事に想いを表現して、これほど完全に想いが伝わった遺言書はそうあるものではありません。生涯忘れることのできない遺言書です。

子ども・家族を幸せにした遺言書の共通点

本の冒頭に紹介した「1枚の絵だけの遺言書」とともに、ここに紹介させていただいた2つの例も、全てもめる要素を含んだ遺言書でした。しかし、いずれももめない遺言書になりました。その理由には、共通点があります。

「1枚の絵だけの遺言書」は、遺言者が二男の想いを酌《く》んで作成された遺言書でした。

そして、本章の1番目の遺言書は、遺言者が、最も争族の引き金となりそうな二男に対して、遺言を書く前に遺言内容への理解を得ています。

そして2番目のものは、妻には夫としての想いを、子どもたちには、お父さんのお母さんに対する愛が伝わる内容になっていて、さすがにこれに異を唱える気にはなれない内容になっています。このように、遺言者がなぜこのような遺言内容にしたのか、その想いをしっかり相続人に伝えることで、争族を防止できることがあります。

私は遺留分を侵害するような内容や、相続人の一部にとっては公平性を欠く内容の遺言になる場合は、遺言書にその理由を書くことをおすすめしています。これを付言《ふげん》と言います。

付言は遺言事項（遺言書に書いて有効なこと）ではありませんので、形式等の決まりはありません。相続人が取り合わなければそれまでですが、相続人の心に響いて、遺言内容に説得力を与えることもあります。

2番目の遺言書は、遺言事項は、「私の財産は全部妻に相続させます」。ここだけです。他は全て付言事項です。この付言が決め手となって遺言者の想いがかなうことになりました。１番目のものと「１枚の絵だけの遺言書」では、遺言書の中には書かれていませんでしたが、口頭で伝えたり別紙に経緯を書いたりして相続人に遺言者の想いを伝えています。形は違いますが、これも付言的な役割を果たしています。付言は時に重要な役割を果たしますので、書き添えておくとよいのです。

ただし、付言は肯定的な内容にしてください。特定の相続人に対して否定的なことを書き連ねると、かえって争族を引き起こす、もめる遺言書になってしまいますので、注意してください。

ここまでお話ししてきたように、もめない遺言書を書くためには相続の基本的な知識が必要です。そして、遺言書の形式を踏まえて、法的に有効な事項を書かなければなりません。しかし、法的に有効な遺言書がもめない遺言書になるとは限りません。

法律的な知識は最低限のことを備えていればよく、自分に足りなければ専門家の知恵を借りれば補えます。

私は、もめない遺言書にするための仕上げは、いかに遺言者の想いを伝えるかだとこれまでの経験から痛感しています。

これまでに配偶者への想い、子どもへの想い、遺言者の想いがいっぱい詰まった遺言書をたくさん見てきました。そのような遺言書がもめる遺言書になったことは一度もありません。

一番大切なことは、遺産をこう分けるという結論だけではなく、どのような想いを持ってその遺言書を書いたのか、ということです。それが遺言本文で伝わるものであることが何より大切なのです。もし、遺言本文を読むだけでは伝わりにくいのであれば、付言事項を加えて、想いが伝わる遺言書に仕上げていただきたいと思います。

「子どもを幸せにする遺言書」「残された家族を幸せにする遺言書」とは、想いの伝わる遺言書のことをいうのです。

おわりに

平成30年7月6日、民法及び家事事件手続法の一部を改正する法律（平成30年法律第72号）が成立しました（同年7月13日公布）。平成31年1月13日より改正法が順次施行されていきます。公布の日から2年以内に全てが施行されることになります。たくさんの改正が行われました。

その改正の目玉と言われるのが、配偶者居住権です。これによって配偶者は居住を確保すると同時に、その他の遺産を受け取れる可能性が高くなりました。とくに遺産が自宅と預金が少しという、遺産額に対して不動産の占める割合が多い、ごく普通の相続の時に生じていた争いの緩和に有効です。

また、婚姻期間が20年以上の夫婦間での居住用不動産について、税金の面では2000万円まで非課税で贈与できるようになっていましたが、相続の時には、贈与された不動産も遺産に加えて遺産分割するのが原則でした。配偶者の居住を確保するために行った不動産の生前贈与も遺産分割の面からは効果的ではありませんでした。しかし、これも改正によって、このような贈与を相続の時に遺産に加えなくてよくなったことで、税法上の配偶者保護と民法上の配偶者保護が一致したと言えます。

この2点の改正はどちらも配偶者保護の観点から創設されたものですが、裏を返せば、このような制度を設けなければ、配偶者が自宅を確保するために不動産以外の遺産が受け取れなかったり、生活のために相続した自宅を売らなければならないようなことが多々あったということです。争族は一部の資産家の問題ではないということを示す法改正です。

遺言書が争族を未然に防ぐために有効な手段であることがわかっていても、自筆証書遺言はその形式が厳格で、とくに財産の表示や財産目録の作成は、負担が大きくて自筆証書遺言の利用を妨げている要因でした。

今回の改正で財産目録の作成については自筆でなくてもよくなり、遺言者の負担が減り、利用の促進が期待できます。

また、自筆証書遺言の保管制度が始まれば、保管時の形式審査によって形式無効の件数は減少します。そして、遺言書の紛失や変造のリスクもなくなります。

これらの改正によって、遺言書がより多くの人に利用されるようになることは間違いありません。遺言書の利用促進によって争族が減少することが期待されます。

しかし、争族を減らすことができる遺言書はもめない遺言書です。もめない遺言書を増やさなければ争族は減りません。

遺産を巡って家族が争うようなケースが一件でも少なくなるように、ぜひとももめない遺言書を作成して、円満な相続を実現させてください。争族を予防するのは、財産を遺す人の責任です。

本書が、もめない遺言書作成の一助になることを願っています。

行政書士　倉敷昭久

作成した例）

全て自筆で書く

遺　言

一　別紙目録　一の不動産を、長男　相続　太郎（昭和40年1月1日生）に相続させる。

二　別紙目録　二の不動産を、妻　相続　花子（昭和10年1月1日生）に相続させる。

三　別紙目録　三の預金を、妻　相続　花子　に相続させる。

四　別紙目録　四の預金を、長女　東京　幸子（昭和42年1月1日生）に相続させる。

五　別紙目録　五の有価証券を、長男　相続　太郎　に相続させる。

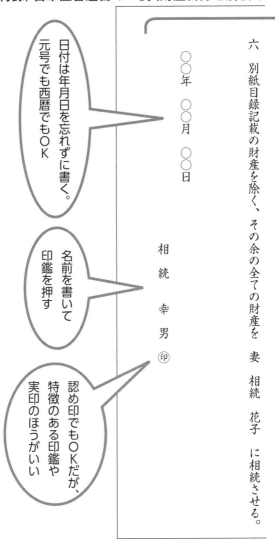

〈巻末付録〉自筆証書遺言の一例（財産目録を別紙で

六　別紙目録記載の財産を除く、その余の全ての財産を　妻　相続　花子　に相続させる。

○○年　○○月　○○日

相続　幸男　㊞

日付は年月日を忘れずに書く。元号でも西暦でもＯＫ

名前を書いて印鑑を押す

認め印でもＯＫだが、特徴のある印鑑や実印のほうがいい

別紙目録

一　土地
所在　○○県○○市○○町○○丁目
地番　○○番○○
地目　宅地
地積　○○平方メートル

二　建物
所在　○○県○○市○○町○○○○番地
家屋番号　○○○○番
種類　居宅
構造　木造瓦葺2階建
床面積　一階　○○○○平方メートル　二階　○○○○平方メートル

財産目録に限り
パソコンでの作成がOKに
※2019年1月13日より

〈巻末付録〉パソコンで作成した財産目録の一例

三　○○○○銀行　○○支店　普通預金　口座番号　1111111
　　　　　　　　　　　　　定期預金　口座番号　2222222

四　○○○○銀行　○○支店　普通預金　口座番号　3333333
　　　　　　　　　　　　　定期預金　口座番号　5555555

五　○○証券　株式　銘柄　○○○○　10,000株

相続　幸男　㊞

署名は必ず自筆で

押印も必要

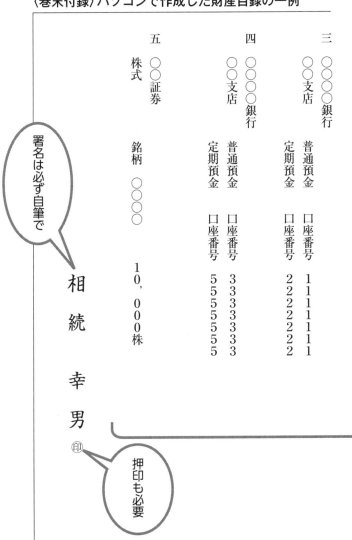

青春新書
INTELLIGENCE

こころ涌き立つ「知」の冒険

いまを生きる

"青春新書"は昭和三一年に――若い日に常にあなたの心の友として、その糧となり実になる多様な知恵が、生きる指標として勇気と力になり、すぐに役立つ――をモットーに創刊された。

そして昭和三八年、新しい時代の気運の中で、新書"プレイブックス"にその役目のバトンを渡した。「人生を自由自在に活動《プレイ》する」のキャッチコピーのもと――すべてのうっ積を吹きとばし、自由闊達な活動力を培養し、勇気と自信を生み出す最も楽しいシリーズ――となった。

いまや、私たちはバブル経済崩壊後の混沌とした価値観のただ中にいる。その価値観は常に未曾有の変貌を見せ、社会は少子高齢化し、地球規模の環境問題等は解決の兆しを見せない。私たちはあらゆる不安と懐疑に対峙している。

本シリーズ"青春新書インテリジェンス"はまさに、この時代の欲求によってプレイブックスから分化・刊行された。それは即ち、「心の中に自らの青春の輝きを失わない旺盛な知力、活力への欲求」に他ならない。応えるべきキャッチコピーは「こころ涌き立つ"知"の冒険」である。

予測のつかない時代にあって、一人ひとりの足元を照らし出すシリーズでありたいと願う。青春出版社は本年創業五〇周年を迎えた。これはひとえに長年に亘る多くの読者の熱いご支持の賜物である。社員一同深く感謝し、より一層世の中に希望と勇気の明るい光を放つ書籍を出版すべく、鋭意志すものである。

平成一七年

刊行者　小澤源太郎

著者紹介

倉敷昭久〈くらしき　あきひさ〉

1959年鳥取県米子市生まれ。行政書士法人倉敷昭久事務所　代表行政書士。神奈川大学経済学部卒業。米子市役所臨時職員、冠婚葬祭互助会等を経て、2003年に43歳で行政書士試験に合格。同年、米子市に行政書士倉敷昭久事務所（個人事務所）を開設し、相続専門事務所として業務を開始する。2010年に行政書士法人となり、以降、兵庫オフィス（西宮市）、東京オフィス（渋谷区）、新潟オフィス（新潟市中央区）、山形オフィス（鶴岡市）を開設。5事務所を拠点として14都府県で活動中。年間相談件数4000件を超える、日本一の相続専門行政書士法人を経営している。

子《こ》どもを幸《しあわ》せにする遺言書《ゆいごんしょ》　青春新書 INTELLIGENCE

2019年1月15日　第1刷

著者　倉《くら》敷《しき》昭《あき》久《ひさ》

発行者　小澤源太郎

責任編集　株式会社プライム涌光

電話　編集部　03(3203)2850

発行所　東京都新宿区若松町12番1号 〒162-0056　株式会社青春出版社

電話　営業部　03(3207)1916　振替番号　00190-7-98602

印刷・中央精版印刷　製本・ナショナル製本

ISBN978-4-413-04560-5